늦게 시작해도
괜찮은
영어교육법

늦게 시작해도 괜찮은
영어교육법

초판 1쇄 발행 2020년 9월 11일

지은이 조은미
펴낸이 장길수
펴낸곳 지식과감성#
출판등록 제2012-000081호

디자인 이현
편집 이현
교정 박솔빈
마케팅 고은빛

주소 서울시 금천구 벚꽃로298 대륭포스트타워6차 1212호
전화 070-4651-3730~4
팩스 070-4325-7006
이메일 ksbookup@naver.com
홈페이지 www.knsbookup.com

ISBN 979-11-6552-394-7(13590)
값 15,000원

ⓒ 조은미 2020 Printed in Korea

잘못된 책은 구입하신 곳에서 바꾸어 드립니다.
이 책의 전부 또는 일부 내용을 재사용하려면 사전에 저작권자와 펴낸곳의 동의를 받아야 합니다.

이 도서의 국립중앙도서관 출판예정도서목록(CIP)은 서지정보유통지원시스템
홈페이지(http://seoji.nl.go.kr)와 국가자료공동목록시스템(http://www.nl.go.kr/kolisnet)에서
이용하실 수 있습니다. (CIP제어번호 : CIP2020035888)

홈페이지 바로가기

아이의 속도에 맞추는 조기영어교육

늦게 시작해도 괜찮은 영어교육법

조은미 지음

"조기영어"란 유아교육과 영어교육이 조화롭게 공존하는
또 다른 하나의 영역!
아이가 행복하고 즐거운 감성을 토대로 영어를 재미있게
배우는 것, 이것이 진정한 "조기영어교육"이다

프롤로그

대한민국에서 가장 교육열이 뜨거운 곳, 대치동과 중계동 학원가.

저는 중계동의 영어유치원에서 전일제로 매일 아이들과 함께했습니다. 퇴근 후 늦은 밤까지는 대치동에서 국제학교 학생들의 Tutor로 20대를 보냈어요. 20대의 저는 한마디로 조기영어에 정말 푹 빠져 있었지요.

아이들을 너무도 사랑해서 유아교육을 전공했고, 영어를 언어로 배우고 싶어 영문학도 함께 공부했습니다. 제게는 아이들과 영어는 서로 뗄 수 없는 그런 관계였어요. 그 누구보다 아이들에게 영어를 열정적으로 가르치고 싶었고, 제가 가르치는 아이들이 자신만의 분야에서 최고의 자리에 오르기를 바랐습니다.

제가 만난 학부모들은 대부분 전문직이었고, 재정적으로 여유가 있었으며 교육적인 가치관이 뚜렷했습니다. 저는 대한민국 영어교육이 과거와는 다른 양상으로 변하고 있다는 아주 순수한 생각을 했어요. 적어도 제가 교습소를 시작하기 전까지는 말이죠.

알파벳을 막 알기 시작한 3학년 아이, 한글을 떼고 영어를 시작한 일곱 살 아이, 수줍음이 많지만 영어를 누구보다 열정적으로 배우려고 노력한 5학년 아이, 맞벌이 부모를 대신해 교사 출신 할머니가 키워 영어 실력이 월등한 2학년 아이, 영어유치원 출신임에도 영어 실력이 평범한

6학년 아이…. 영어에 있어서 아이들의 학년은 거의 의미 없는 듯했습니다.

문제는 중학생과 고등학생을 가르치면서 나타났습니다. 아이들의 교과서와 시험지를 확인하면서 우리나라의 영어교육이 지난 20년 동안 거의 변하지 않았다는 사실은 정말 충격적이었습니다.

아이들이 어릴 때 배웠던 영어 의사소통을 위한 그 수많은 노력들이 (시간과 비용까지) 중·고등학교에 와서 와르르 무너진다는 말이 이제야 이해가 되더군요. 중·고등학교에서는 문법과 독해 위주의 영어 시험에만 매진해야 하니, 소통을 위한 영어는 오히려 쓸모가 없어지는 상황이었어요.

입시 지옥을 지나 스펙 쌓기용 점수를 위한 토익 그리고 해외 대학 진학 등에 필요한 토플만 보더라도, 우리 아이들은 20대가 되어 다시 영어를 공부해야 합니다. (물론 초등학교 때부터 토익, 토플 시험을 치르는 학생들도 분명히 존재하지요.)

대부분의 아이들이 영어를 '공부'로 배우는 과정을 반복할 수밖에 없는 이 상황에서, 과연 자신의 생각을 영어로 표현하는 것이 가능이나 할까요?

우리 아이들은 입시 지옥에 빠지게 되면서, 죽은 영어를 위해 돈과 시간, 노력을 허비하고 있었습니다.

ETS(Educational Testing Service)는 전 세계 연 5,000만 회 이상 치러지는 토익, 토플, SAT, GRE 등의 시험을 개발하고 시행하고 있으며, 미국에 본사를 둔 세계에서 가장 큰 비영리 교육평가 연구기관입니다.

토익과 토플 시험만 해도 대한민국은 아시아 국가 중 가장 큰 비중을 차지하는데, 워낙 응시생 규모가 크기 때문에 우리가 이 기관에 쏟아붓는 비용만도 엄청나다고 해요.

한편, EF 에듀케이션 퍼스트는 비영어권 44개국 성인들의 영어 실력을 국가별로 평가하여 '영어능력 평가지수(EF English Proficiency Index)'를 매년 발표합니다.

문법과 어휘, 읽기와 듣기 4개 항목으로 구성된 온라인 영어 시험을 통해 측정되는 이 지수에서, 상위권을 차지하는 나라는 언제나 노르웨이, 네덜란드, 덴마크, 스웨덴, 핀란드 같은 북유럽 국가들입니다.

단지 해마다 그 순위만 조금씩 바뀔 뿐.

EF의 수석 부사장인 크리스토퍼 매코믹 박사는 대한민국의 능력지수가 몇 년째 정체인 이유로 '영어에 노출되는 환경이 제한돼 있고 여전히 암기와 문법 위주의 교육이 이뤄진다'는 점을 들었습니다.

물론 이런 절대적인 평가 기준으로 북유럽과 우리나라의 영어 실력을 단순 비교하여 우리나라의 영어교육은 고비용 저효율이라는 언론의 왜곡을 그대로 받아들여서는 결코 안 됩니다. 우리나라와 그들의 영어 환경은 너무도 복잡한 요인들이 얽히고설켜 있기 때문이죠.

그렇다면, 과연 대한민국은 영어를 못할 수밖에 없는 나라인가요?

저는 해외에서 영어를 학습한 적이 없는 순수 국내파 영어 강사입니다.

영어를 본격적으로 배우기 시작한 것은 20대 초반.

중·고등학교 시절엔 모의고사 영어는 매번 만점이었어요. 그랬던 저도 학창 시절에 배운 영어는 실생활에 적용하기 어렵다는 것을 체험했습니다.

대학교 1학년 때 국내 영어캠프에 스태프로 참여한 적이 있어요. 저는 미취학 연령의 아이들이 원어민 수업에 어려움 없이 참여할 수 있도록 도와주는 보조교사였습니다. 하루 종일 영어 환경에 즐겁게 노출되는 아이들…. 큰 거부감 없이 잘 따라가는 아이들을 지켜보는 것이 정말 즐거웠어요.

"영어 몰입 수업이란 이런 것이구나. 나도 어렸을 때 이런 경험을 했다면 얼마나 좋았을까?" 하는 부러운 생각도 들었습니다.

문제는 하루가 끝나고 원어민 교사들과의 회의시간에 발생합니다. 도무지 그들이 하는 대화를 알아들을 수가 없다는 것에 충격. 이 기막힌 내 상황을 영어로 표현할 수 없다는 것에 충격. 너무 막막해서 당황하는 제 눈에 두 사람이 눈에 들어왔어요.

통역을 담당하는 선배 남학생과 저와 동갑인 여자 스태프.

선배 남학생은 캐나다에 소재한 대학교를 다니는 유학생이었고, 저와 동갑인 스태프는 국내에서 고등학교만 졸업하고 미국으로 어학연수를 갈 계획 중이었어요.

원어민들과 거리낌 없이 대화를 하고, 스태프들의 요구사항을 정확히 전달하는 유학생은 제 스타일이 전혀 아니었음에도 정말 영어 실력 하나로 멋져 보였어요.

또, 〈뮬란〉의 여주인공 같은 비주얼을 가진 그 여학생의 당당함과 영어 자신감이 얼마나 부러웠는지요.

그 짧은 순간 깨달았어요.

"나는 그동안 죽은 영어를 공부했구나."

영어 시험을 위한 듣기 평가 연습, 영어 단어 무작정 외우기, 영어 문법과 독해 훈련….

그동안 중·고등학교에서 배웠던 영어는 일상생활에서 한마디도 써먹을 수 없었던 "죽은 영어=시험 영어"였다는 사실을 받아들일 수밖에 없었어요.

지나고 보니 참 쉬운 일상의 대화였음에도 당시 저는 듣는 훈련이 충분히 되지 않아 귀가 트이지 않았었고, 들리지 않으니 당연히 입을 열 수가 없었던 거죠.

무엇보다 엄마를 보고 싶어 밤에 잠도 잘 못 자는 여섯 살의 어린아이를 커다란 기숙사 이층 침대에 진정시키며, 도대체 영어가 무엇이길래 고가의 비용을 대면서까지 아이를 몇 주씩 떼어 놓고 보내는 건지 이해가 되지 않았어요.

제가 대한민국의 조기영어에 관심을 갖게 된 계기는 바로 그 무렵부터였습니다. 충격의 영어캠프 이후로 저는 살아 있는 영어를 배우기 위해 어린아이가 된 기분으로 우선 먼저 '영어 듣기'에 많은 시간을 보냈어요.

미드 무한반복 시청하기, 자투리 시간 활용해서 영어 방송 청취하기, 원서 읽기, 원어민들과 자주 소통하기. 영어와 관련된 것이면 어떤 것이든 제 삶에 끌어들였습니다.

원어민들이 무슨 말을 하는지 알아들을 무렵, 제 입에서도 영어가 나오기 시작했습니다. 살아 있는 영어를 배우는 과정에서 운이 좋게도 영어에 관련된 일을 하며 영어를 생활화할 수 있었어요.

10년 이상을 아이들에게 영어를 가르치는 데 쏟아부었고 그중 대부분의 시간을 미취학 연령의 아이들에게 영어를 가르치는 데 보냈어요.

가장 신기한 것은, 첫째를 출산하고 아이에게 영어 환경을 마련해주고자 시작했던 엄마표 영어를 통해 진정한 영어를 체험하게 된 것이에요. 아이를 낳고 엄마가 되고 보니, 어린 아이들에게 '살아 있는 영어'가 왜곡되는 상황들에 더 많이 부딪히게 되었습니다. 어린 아이들에게 영어를 가르치는 사람으로서 우리 아이들이 영어 앞에서 느껴야 할 무력감을 지켜보는 것은 정말 고역이었습니다.

유아들에게 살아 있는 영어는 아이들의 발달 단계를 충분히 이해해주고 기다려주는 즐겁고 행복한 영어라고 생각해요. 영어를 일찍 시작하면 그만큼 유리한 면이 많지만 영어가 우선순위가 될 경우, 유아기 때의 소중한 것들을 놓치는 안타까운 일이 발생하게 됩니다. 다시 돌아오지 않는 소중하고 고유한 아이들의 시간이에요.

지나친 조기교육으로 인해 점점 더 많은 수의 아이들이 소아정신과를 찾고 있으며, 그 부작용은 10대를 지나 청소년기 때 여러 가지 문제로 나타난다는 전문가들의 경고를 우리를 귀담아 들어야 합니다.

제가 읽었던 그 수많은 육아서에 나오는 우등생들은 방문을 닫고 공부만 하는 단절된 일등이 아닌, 부모님과 열린 마음으로 자주 소통하는 아이들이었어요. 그래서 아이의 전체적인 성장을 바라볼 수 있도록 엄마가 '유아교육'을 꼭 알았으면 합니다.

우리의 아이를 씨앗에 비유를 한다면, 유아교육은 씨앗이 평생 뿌리를 뻗치고 지탱할 수 있는 양분이 풍부한 토양이고, 영어교육은 씨앗이 자라서 싹이 트고 잘 자랄 수 있도록 하는 넘치는 햇살이라고 말하고 싶어요.

"조기영어"란 바로 유아교육과 영어교육이 조화롭게 공존하는 또 다른 하나의 영역이라고 할 수 있습니다.

우리 아이가 행복하고 즐거운 감성을 토대로 영어를 재미있게 배우는 것, 이것이 진정한 "조기영어교육" 아닐까요? 그래야 초등학교 시기에 영어를 호기심 있게 학습할 수 있는 힘이 생겨요.

너무 진부한 대답 같지만, 내 아이의 마음을 가장 잘 읽을 수 있고, 세상 최고의 열정과 사랑을 줄 수 있는 엄마와 함께 편안하게 배우고, 꾸준하게 나아가는 것이 가장 좋은 적기영어교육 방법이라 생각합니다.

저는 많은 분들이 오해하고 있는 조기영어에 대한 막연한 환상에서 벗어났으면 하는 마음에서 이 책을 썼습니다. 그리고 초등 저학년부터 시작할 수 있는 효율적인 초등 영어교육에 대한 정보를 드리고 싶었어요. 유아기는 매일 조금씩 "살아 있는 영어"를 아이들과 즐겁게 '익혀' 보세요.

초등 시기가 되면, 매일 '충분히' 영어를 '배워야만' 합니다. 영어가 우리의 삶에 들어오려면, 무엇보다 먼저 우리 아이들과 충분한 정서적 애착관계를 형성해야 합니다. 쉽고 재미있는 영상물부터 시작해서 좋은 내용이 담긴 영어 동화책을 읽고, 엄마와 아빠부터 간단한 영어 회화로 아이와 대화를 시도해 보세요.

단, 매일매일 꾸준히요. "살아 있는 영어"는 생각보다 어렵지 않아요. 영어 노래로, 게임으로, 놀이로 재미있게 접근하는 노력이 필요합니다.

우리 아이들의 행복한 적기영어를 시작해 보세요.

그 후 초등 시기에는 '호기심'을 키우고 영어에 몰입할 수 있는 환경을 만들어주어야 합니다. 내 아이가 영어 단어를 더 많이 외우게 하는 것보다, 내 아이의 마음을 한 뼘 더 헤아리는 것을 우선순위에 두셨으면 좋겠습니다.

영어교육을 논하기에 앞서 제가 이 책을 통해 처음부터 끝까지 강조하고 싶은 것이 있어요. 바로 엄마가 먼저 공부하면 절대 조기영어에 휘둘리지 않는다는 것입니다.

"젊은 시절에는 똑똑한 사람들을 존경했다.
그러나 나이 든 지금은 다정한 사람들을 존경한다."
-랍비 아브라함 조슈아 헤셸

차례

PART 1 유아교육과 영어교육의 사이에서

01 대한민국에서 이중언어 교육이란
영어유치원은 진정한 몰입영어 환경인가?   20
다중언어 구사자, 그들이 누리는 혜택   25
성공적인 이중언어 교육이란?   28

02 유아교육이 먼저다
영어영재라 믿었던 내 아이의 영어 거부 극복기   35
모국어의 뼈대를 먼저 세우기   40
거시적인 교육가치관 세우기   43

03 영어유치원에서 살아남는 아이들
영어를 잘하는 아이가 살아남는다   46
영어유치원을 선택할 수밖에 없는 이유   50
원어민의 기준을 명확히 하기   54

04 일반 유치원의 장점을 누리는 아이들

일반 유치원을 선택하고 영어를 고민하다	58
모국어의 바다에서 꿈꾸는 아이들	61
일유에서 행복한 영어영재 만들기	64

05 아이의 모국어 수준을 넘어서지 않는 영어

영어유치원 6세와 7세의 차이	70
유아기 외국어는 한계가 있다? 없다?	74
원어민처럼 발음하기를 목표로 하지 말되, 노력은 하자!	78

06 학습과 놀이의 조화로 영어의 호기심 키우기

체험과 배움으로 언어를 풍요롭게	80
놀이식 영어를 맹신하지 말 것	82
가정은 가장 위대한 배움터	88

PART 2 조기영어교육이란 무엇인가?

01 뇌 발달과 조기교육

아이의 뇌 발달을 알면 조급할 필요가 없다	96
내 아이의 속도에 맞추는 조기영어교육	98
행복한 조기교육에 힘써야 하는 이유	102

02 과열된 대한민국 영유아 영어 사교육

사교육의 노예로 살지 말자	107
영유아 영어 사교육 현황과 문제점들	111
생득주의 이론은 왜곡되어 있다	114

03 EFL과 ESL의 균형 잡기

영어마을은 완전히 실패했다   118
핀란드의 성공적인 영어교육   120
영어는 미래의 초중심어   123

04 조기영어교육의 효율성

조기영어의 적절한 연령   129
조기영어 정말 효과적일까?   131
영재성은 키워지는 것이다   136

05 유아영어 환경 만들기

Daily Routine에 주목하기   139
문자는 유연하게! 문해력 키우기   143
미디어를 지혜롭게 활용하기   147

06 유아영어 어떻게 가르칠 것인가?

누리과정과 연계된 유아영어   151
영어 그림책을 중심으로 한 통합교육   153
유아영어 더욱 재미있게 가르쳐라!   155

PART 3 세계로 가는 날개를 달아주는 영어교육

01 진정한 조기영어 시기는 초등 저학년

언어의 두뇌가 열리는 시기   160
영어를 잘하고 싶다는 욕구가 중요하다   163
다개국어를 시작하기 전에 알아야 할 점들   165

02 세계를 무대로 하는 인재 키우기
다독, 정독, 속독, 지독, 미독, 오독… 책 잘 읽는 아이로 키우자!   169
즐겁게 시작해서 원대한 꿈에 이르는 다개국어 교육   173
4차 산업혁명 시대! 호기심과 영어 모두 잡아라!   177

03 시작과 끝이 너무 다른 대한민국 영어교육
영어는 하루아침에 이루어지지 않는다   182
절대평가 수능영어의 장단점   186
성공적인 초등 영어교육의 방향은?   187

04 풍성한 어휘력 기르기
파닉스, 가볍지도 무겁지도 않게!   195
단어를 씹어 먹는 방법   199
밥을 먹듯 단어는 매일 챙기자   202

05 흘려듣기와 집중듣기에서 영어 말하기와 영작문까지
전략적으로 차고 넘치게 듣자!   205
입으로 뱉어내라! 영어 낭독의 힘   208
꼭 필요한 문법과 영어 문장 쓰기   210

06 영어는 몸으로 배우는 습관! HABIT!
영어 성공 경험 심어주기!   212
영어는 습관이 답이다   215
세계로 나가는 영어를 배워라!   219

PART 4 단계별 조기영어 실전 로드맵

01 0~24개월: 영어를 느끼다
언어 발달 224
에비샘의 적기영어 꿀팁! 225

02 만 3~5세 : 영어로 놀다
언어 발달 228
에비샘의 적기영어 꿀팁! 229

03 초등 저학년 : 영어를 배우다
언어 발달 238
에비샘의 적기영어 꿀팁! 239

부록
- 내 아이를 크게 키우는 긍정영어 100   248
- 엄마표 영어 회화 100   256

* 참고서적   264

유아교육과
영어교육의 사이에서

1
대한민국에서 이중언어 교육이란

✦ 영어유치원은 진정한 몰입영어 환경인가?

유아들을 대상으로 한 영어몰입 환경, 물리적인 환경이 거의 영어로 이루어진 장소, '전일제 유아영어 학원'입니다. 몰입영어 환경은 철저하게 모국어를 배제한 100% 영어 중심 환경을 말하죠.

영유아 때 이러한 환경에 노출된 우리 아이들의 두뇌 속에서 무슨 현상이 일어나고 있을까요?

유아영어 학원 영어 강사로서 마음속 깊은 곳에서 "이곳이 아이들을 진정으로 위하는 곳일까?" 하는 의문이 끊이질 않았습니다.

원어민들과의 수업을 참관할 때가 종종 있었어요. 그때는 너무도 가까이에서 지켜봤기에, 멀리 내다보는 눈을 갖지 못했습니다. 지금은 그곳에서 잠시 떨어져서 '아이'의 눈으로 볼 수 있게 되었어요.

원어민 강사는 아이들의 이해를 돕기 위해 자신이 직접 무엇인가를 지시하거나 퍼포먼스를 하는 경우가 많습니다. 아이들은 '수동적'인 학습자가 될 수밖에 없지요. 영어를 어릴 때 배우는 아이들은 '자유롭게 생각할 권리'를 박탈당하는 것이나 다름없습니다. 아이들에게는 모국어로 사고력과 창의력을 펼칠 기회가 충분히 제공되어야 해요.

저는 유아기는 몰입영어보다는 이중언어 환경이 더욱 적합하다는 생각입니다. 어린 유아들은 모국어가 아닌 영어로 된 질문을 이해하기도 어렵고, 영어로 대답하기는 더욱 힘이 들거든요.

원어민 강사는 아이들에게 육하원칙에 맞는 질문을 하는 경우가 많습니다. 물론 아이들과의 원활한 의사소통을 위해서는 이런 폐쇄형 질문들이 꼭 필요하겠지요.

아이들이 표현할 수 있는 영어의 한계 때문에 꼬리에 꼬리를 무는 생각 자체가 무리입니다. 영어몰입 환경은 분명히 맞는데, 우리 아이들의 사고력과 창의력은 마음껏 발휘되지 않아요. 유아를 대상으로 하는 수업에서 아이들은 무엇이든 자연스럽게 표현해야 하는 능동적인 주체자가 되어야 합니다. 저는 영어 학원에 있으면서, 아이들의 이런 수동적인 모습을 수도 없이 목격했어요.

아이들은 자신의 모국어로 충분히 표현해야 하고, 호기심을 충족하기 위해 끊임없이 질문해야 하고 여러 가지 방법으로 자신의 계획을 행동으로 옮겨 봐야 합니다. 영어를 가르치는 것이 우선순위가 되면 교사는 아이들에게 일방적으로 영어를 주입시킬 수밖에 없어요.

아이가 모국어를 쓰지 못한 채 제한된 영어로 소통을 하는 것은 아이의 자율성과 주도성, 자아효능감 발달에 오히려 해가 될 수 있어요. 한국인 아이가 영어권 국가로 이민을 가게 된 경우는 진정한 몰입 환경이 될 수 있지요.

영어로 표현할 수 있는 것이 거의 없는 아이는 원어민 친구들의 대화를 곁에서 지켜보거나 혼자 노는 단독 놀이, 언어 교환이 없는 병행 놀이로 영어 환경에 적응해야 합니다.

다행인 것은 영어가 모국어인 아이들과 상호작용을 할 수 있다는 점입니다. 하지만, 한국의 유아영어 학원에서 영어가 모국어인 또래들을 만나는 것은 아주 드문 일이에요.

우리는 아이들이 유아영어 학원에서 아침부터 오후까지 영어 환경에 놓여 있으므로 100% 영어몰입 환경이라고 생각을 합니다.

유아영어 학원에서는 선생님의 '언어'가 인풋의 결정적인 요인이며, 영어를 월등히 잘하는 아이만 살아남는 곳이죠.

외국의 커리큘럼을 국내에서 똑같이 적용한다고 해도, 아이가 현지에서 영어를 배우는 것과는 사정이 다르므로 결코 같은 효과를 낼 수가 없습니다.

제가 유아영어 학원에 있었을 당시, 아이들이 가장 좋아하는 시간은 바로 점심 식사 후 갖는 Play Time이었어요. 바로 넓은 Gym에서 마음껏 놀이할 때였지요. 그 시간만큼은 우리말로 자유 놀이도 가능하고, 자율적으로 놀이를 선택해서 놀잇감을 가지고 놀거나, 대근육 활동을 충분히 할 수 있었습니다. 아이들은 언제나 땀을 흠뻑 흘리며 가장 행복한 미소를 지어주고 스트레스를 해소했어요.

한국 나이로 3세 반의 학부모 공개수업을 참관한 적이 있었어요.

두 돌이 지난 아이들이라 아직 기저귀를 차고 있는 아이들이었지요. 《From head to toe》라는 그림 동화책을 원어민 강사가 스토리텔링을 하고, 3세 반 아이들이 책 속에 나오는 동물을 맞추어 보는 시간이었습니다.

책 한 권을 다 읽어준 원어민 강사가 영어로 동물을 하나씩 설명하고, 아이들이 자신의 순서에 맞추어 그 동물의 이름을 영어로 말하는 시간이 이어졌어요. 아이가 영어 동물을 맞추면, 잘했다는 칭찬과 함께 참관한 엄마들의 박수를 받았습니다.

그중에서도 원어민 강사의 질문에 "DONKEY"라고 대답한 아이가 박수를 제일 많이 받은 기억이 나요. 다른 동물들은 조금 쉬운 편이었지만, 3살 아이가 당나귀를 영어로 정확하게 말하는 모습이 더욱 도드라져 보였던 것 같아요. 이 그림책은 잘 알려진 것처럼, 동물의 특성에 맞는 움직임을 멋지게 표현해 내고 있어요.

어린 아이들이 영어로 동물 이름을 배우는 것보다, 선생님과 자유롭게 그 동물의 몸짓을 흉내 내 보고, 또 스스로 창조해 내는 것이 더욱 의미 있지 않을까요?

유아 동작 교육의 방법도 다양하게 존재합니다. 유아가 교사의 동작을 그대로 따라하는 직접교수법(Directive-teaching method), 유아가 자유롭게 선택하여 원하는 대로 표현하는 탐색적(Exploration) 교수법, 교사가 사전에 결정된 학습목표에 맞추어 적절한 질문을 던져 유아가 창의적으로 표현하고 실험할 수 있는 기회를 주는 안내·발견적(Guided discovery) 교수법 등 우리는 교사로서 다양한 교수 방법을 사용해야 해요.

하나를 얻기 위해서 다른 하나를 포기해야 한다는 말도 때에 따라서는 맞는 말이지만, 유아들은 자신의 생각과 의견을 자유롭게 표현해야 할 권리가 있다고 생각합니다.

영어라는 '언어'를 얻는 과정에서 우리 아이들이 포기해야 하는 활동이 너무도 많아요. 모국어를 배제한 영어성장은 결국엔 아이의 발달에 큰 불균형을 가져옵니다.

또한 '언어' 위주의 수업이 아닌 전인발달을 고려한 수업 설계, 아이들의 참여와 주도성, 창의력을 격려하는 기관의 다양한 노력이 필요해요.

옥스퍼드대 한국학, 언어학과 조지은 교수는 아이들에게 영어로만 말하게 하고, 그러지 않을 때 체벌을 가하거나 하는 식의 교육 방법은 아이들의 집중력을 강화하기는커녕, 마음의 문을 닫게 한다고 하였습니다.

개인적인 생각으로는 5~7세 누리과정은 유아영어 학원에서도 모국어로 매일 1~2타임은 진행하는 것이 옳다고 보구요. (이미 많은 곳에서 그렇게 시행하고 있는 것으로 알고 있습니다.)

유아영어 학원에 보내는 학부모라면 아이가 영어 인풋의 환경 속에서 침묵의 시간(제2 언어로 영어를 배우는 아이가 모국어가 통하지 않는 영어 환경에서 모국어를 사용하지 않는 현상)이 나타나는 것은 자연스럽다고 하더라도, 모국어로 충분히 가정에서 마음껏 욕구를 발산할 수 있도록 지원해주셨으면 하는 바람입니다.

✭ 다중언어 구사자, 그들이 누리는 혜택

뉴캐슬 대학교의 비비언 쿡(Vivian James Cook) 명예 교수는 '다중언어 능력'이라는 개념을 제안했습니다. 그는 다중언어 능력은 마음속에 2개 이상의 언어에 대한 지식이 본유(本有)적으로 존재하는 상태이며, 다중언어 구사자들이 습득하는 지식은 단순히 1+1=2처럼 완전히 개별적으로 존재하는 것이 아니라고 주장합니다.

다중언어 구사자들은 각각의 언어에 대한 지식을 지니면서, 이 두 언어를 다루기 위한 종합적인 지식도 가지고 있다는 점이 놀라운데요.

이중언어 화자들은 두 언어 간에 긴밀한 '연결'이 있기 때문에 즉각적으로 한 언어에서 다른 언어로 전환하는 '코드 스위칭'을 할 수 있습니다. 다중언어 구사자들의 '능력'도 하나의 스펙으로 자리 잡았지요.

빈털터리였던 일반인이 사업가로 크게 성공하였을 때 일반인들이 먼저 느끼는 점은 '정말 대단하다!'입니다. 우리는 부러움의 대상으로 그 사업가를 평가하면서, "어떻게 어려운 환경을 극복했는가?" 혹은 "어떤 노력을 기울였는가?"에 대해서는 많이 생각하지 않지요.

다중언어 구사자들을 바라보는 시각도 비슷한 것 같아요. 물론, 경제적으로 풍요로운 환경에서 자라 선택의 폭이 넓었거나, 국제적인 가족 환경 또는, 부모의 직업 여건으로 해외에서 생활을 한 경우 등 다중언어자가 되기 위한 변수는 다양합니다.

그렇지만, 순수한 국내파가 피나는 노력으로 다중언어를 구사할 수 있는 경우를 우리는 눈여겨보아야 합니다.

우리는 항상 '욕망'은 하지만 그것을 얻기 위해 '행동'하지 않는 경우가 다반사죠. 더 적은 노력으로 더 많은 것을 바라는 것 자체가 모순입니다.

미래를 내다보며 준비하는 엄마, 매일매일 외국어를 배우는 노력, 모국어를 바탕으로 한 독서, 외국어 영상물과 효과적인 학습법, 외국어를 경험할 수 있는 다양한 활동 등 국내에서도 충분히 다개국어자로 실력을 쌓을 수 있어요.

다만, 조기에 무리하게 다개국어를 학습시키는 것은 지양해야 합니다. 아이의 의사를 존중해주면서, 아이의 재능, 흥미 등을 고려한다면 아이는 정말 행복한 미래의 인재가 될 수 있어요.

다중언어 구사자가 된다면, 정말 다양한 기회가 열리는데요. 한양대 경제학부 하준경 교수는 "초등 1학년도 학교에서 영어 배울 수 있어야"[1]라는 〈동아일보〉 칼럼에서 이중언어를 우리의 인적자본 투자로 접근해야 한다고 했습니다. 결국엔 이중언어 능력이 개인의 소득을 올려줄 수 있으며 이것이 나라의 경쟁력에도 영향을 준다고 주장했어요.

제네바대 연구팀에 따르면 스위스의 경우는 국내총생산(GDP)의 약 9%가 국민들의 다중언어 능력에 기인한다고 합니다. 이중언어 능력이 있는 사람은 외국어와 무관한 업무를 하더라도 모국어만 하는 사람보다 소득이 높다는 것을 경제학자들이 밝혀냈습니다.

이중언어를 구사한다는 것은 단지 "두 가지 언어를 잘 말할 수 있다"를 넘어서는 개념입니다.

---

1) 참고: 하준경 객원논설위원 · 한양대 경제학부 교수, "[동아광장/하준경]초등 1학년도 학교에서 영어 배울 수 있어야", 〈동아일보〉, 2019.03.02.

다중언어 구사자들에 대한 여러 가지 연구결과들이 나오고 있어요. 두 가지 이상의 언어를 구사하게 될 때, 아이들의 학업 성취도와 인지적 수준이 높아진다고 합니다. 그리고 다중언어자가 나이가 들어갈 때 치매를 예방해주는 효과도 입증이 되었어요.

여러 가지의 언어를 구사하는 사람들은 한 가지 언어를 사용할 때에도 다중언어를 할 때처럼 두뇌가 작동하므로, 다개국어를 한다는 것은 뇌의 인지 근육을 계속 강화시키는 훈련을 하는 것과 같습니다. 우리가 오해하고 있는 언어 간의 충돌이 결과적으로는 장애가 아닌 축복이 된 셈이죠.

'조기교육이 이중언어 교육에 효과적인가?'라는 질문에 영국 웨일스대학의 Colin Baker 교수(2개 국어(영어/웨일스어)에 능통한 세 명을 자녀를 직접 키움)는 '예'와 '아니요'의 두 가지 답 모두 가능하고 했습니다.

'예'에 대한 근거는 아이들은 어릴 때 사람들과의 놀이와 상호작용으로부터 언어를 습득할 시간이 많이 있다는 것입니다. 이때 아이들은 새로운 언어를 자연스럽게 배우면서 실수에 대해 걱정하지 않고, 메시지를 전달하고 필요한 정보를 수집하는 것에만 관심을 갖는데, 특히 발음 면에서는 모국어와 외국어의 소리를 쉽게 배우고, 정확한 발음을 빨리 잡아낸다고 합니다. 콜린 교수는 유아 시기 새로운 언어를 습득하는 것을 '고통 없는 기쁨'이라고 비유하였습니다.

반면 '아니요'에 해당하는 견해로는 아주 어린 아이들은 성장한 아이나 성인보다 외국어를 상대적으로 느리게 배운다고 말했는데요. 10대와 성인은 제2 언어를 배우는 데 사고 능력과 정보 수집, 분석력과 기억

력 등이 어린아이들보다 월등하기 때문입니다.[2]

결과적으로 다개국어 구사자들은 많은 장점들을 확보한 셈입니다. 어린 시기에는 탄탄한 모국어를 기반으로, 외국어 학습보다는 제2 언어를 습득할 수 있는 충분한 환경 조성에 신경을 쓰고, 연령이 높아지면서 효율적인 외국어 학습으로 방향을 잡는 것이 중요합니다.

✦ 성공적인 이중언어 교육이란?

다중언어(多重言語)란, 일반적으로는 여러 개의 언어를 사용하는 것을 말하고, 웹사이트, PC 등에서 여러 개의 언어에 대응하는 시스템을 말하기도 합니다.

또한 다언어화자는 두 개 이상의 언어를 모국어처럼 사용 가능한 사람이며, 2개 언어가 가능한 사람은 이중언어화자(bilingual), 3개 언어가 가능한 사람을 삼중언어화자(trilingual)라 부릅니다. 영어로 Polyglot은 여러 언어를 사용하는 사람을 뜻합니다(multiple languages).

표준어와 사투리의 관계는 다언어 환경이 아니며, 강한 언어가 약한 언어를 억압할 때는 "양층언어" 상태라고 합니다.

'개인적인' 이유로 다언어화가 될 때는 가족이 이민을 가거나, 업무상

---

[2] 참고: Colin Baker 저, 정부연 역, 《내 아이를 위한 이중언어 교육 길라잡이》, 넥서스, 2006

해외로 잦은 출장을 떠나는 경우 등이 있으며, 스위스나 벨기에 같이 서로 다른 언어 집단이 하나의 국가를 이루는 경우는 다언어화의 '사회적인' 이유라고 할 수 있습니다.

다문화가족 구성원 100만 명 시대를 맞은 대한민국의 언어는 압도적인 "한국어" 단일언어 사회입니다.

임선일 경기도 교육연구원 연구위원에 따르면 대한민국 인구의 4.7%인 242만 명이 국내 체류 외국인이라고 합니다. 우리는 이제 더 이상 단일민족이 아닌 사회에 접어들었어요.

여전히 백인이나 영어 사용자는 대한민국에서 선망의 대상이지만, 아시아 저개발국 출신자들은 인종 차별이나 혐오 발언으로 차별을 받고 있는 나라가 바로 우리나라예요. 결혼중개업소를 통해 국제결혼을 하는 경우 내국인인 남편은 배우자의 언어와 문화를 배울 의무가 없는 반면에 결혼 이주 여성에게만 한국어능력시험(TOPIK) 급수가 요구되죠.

한국이 기회의 땅이 되는 많은 저개발국 출신자들에게는 한국어는 '권력'입니다. 그들에게는 한국에 와서 돈을 버는 것이 곧 "Dream"입니다.

우리가 영어, 중국어 등을 익히기 위해 이렇게 애쓰는 것은 결국 "힘의 언어"이자 "계급 언어"인 그들의 언어로 더 넓은 세계로 나가기 위해서입니다.

이중언어를 사회적으로 전혀 써먹지 못하는 단일언어 국가인 한국에서, 우리 아이들은 개인적인 차원에서 노력할 수밖에 없는 상황이겠지요.

우리나라 다문화 가정의 언어를 살펴보자면, 많은 다문화가정의 아이들이 모(엄마)의 모국어를 배울 기회를 갖지 못할 뿐만 아니라, 한국어 수준이 턱없이 낮은 엄마로 인해 우리말 및 학업 면에서도 계속해서 소외됩니다.

한국어가 느린 아이들을 받아주는 분위기가 입시 위주의 한국 교육상 어렵기 때문입니다. 이 아이들은 이중언어 구사자로 자랄 수 있는 환경에도 불구하고 그 어떤 혜택도 입지 못합니다. 만약 다문화 가정의 아이들이 두 가지의 언어를 배울 수 있는 문화적·사회적 교육 시스템이 잘 정비되어 있다면, 이 아이들은 세계의 인재로 자라날 거예요.

다시 영어를 배우는 우리 아이들을 볼게요. 우리나라는 영어 이중언어 환경이 될 수 있을까요? 미국의 버클리 대학 언어학과 명예교수인 Fillmore는 이중언어 교육이 효과적으로 시행되기 위한 필요조건을 제시했는데요. 새로운 언어를 배워야겠다는 필요성을 인식하여 동기화된 학습자, 언어를 배우는 데 필요한 도움을 주고 새로운 언어를 가르쳐줄 수 있는 사람, 학습자와 교수자가 충분한 접촉을 할 수 있는 사회적 환경 등이 충족되어야 한다고 했습니다.[3]

미국 아리조나 주립대학의 Ovando 교수는 자질 있는 이중언어 교사의 확보, 학부모의 지지, 행정적 지원, 물적 자원, 아동이 모국어와 새로운 영어를 습득하는 데 사용하는 시간 등 이중언어 프로그램의 효과는 다양한 요인이 복합적으로 작용하는 것이라고 했습니다.[4]

---

3) 참고: Wong Fillmore, L(1991), 〈Second language learning in children: A model of language learning in social context〉, Language processing in bilingual children, Cambridge University Press, pp. 52-53.
4) 참고: Ovando(2003), 〈Bilingual Education in the United States: Historical Development and Current Issues〉, Bilingual Research Journal 27(1), p.16.

이처럼 이중언어가 발현되기 위해서는 공동체의 사회 문화적, 교육적 배경, 일반적인 학교 교육 과정과 분위기 등 전체적인 조화가 꼭 필요합니다.

대한민국 부모 대부분 아이가 우리말처럼 영어를 잘하기를 바랍니다. 여기서 영어를 모국어만큼 잘한다는 말은 그리 간단한 개념이 아니에요.

서울대학교 영어교육학과 이병민 교수는 《당신의 영어는 왜 실패하는가?》에서 국가 차원의 영어 정책과 개인이 생각하는 영어 정책의 간극이 크면 클수록 개인은 자신에게 필요한 영어 정책을 스스로 계획하고 실천에 옮길 가능성이 높다고 했습니다.

대한민국 사회는 '영어 광풍'에 휩싸여 있지만, 여전히 대부분의 아이들은 한국어를 지배언어(dominant language)로 사용하고 있어요.

영어를 배울 수 있는 곳은 사교육기관 외에는 전무한 나라.

영어가 전혀 쓰이지 않는 환경임에도 영어능력이 절대적으로 높게 평가되는 나라.

대한민국 이중언어 교육이 성공하려면 집 밖이 아닌 '집 안의 환경'이 무엇보다 중요합니다. 그 집 안 환경에는 가정에서 아이들이 영어를 쓸 수 있는 환경을 최대한 열어주는 부모의 의지와 노력도 포함됩니다.

싱가포르의 정치인이었던 리콴유는 중국계의 심한 저항을 무릅쓰고 영어공용화를 실시했으며, 영어를 '교육과 비즈니스를 위한 공용어'로 채택했습니다. 1971년, 군대의 공용어로 영어가 인정되었고 1987년에는 학교에서 공식적으로 영어를 제1 언어로 채택했습니다.

싱가포르는 말레이어가 국어이긴 했지만 소수집단의 언어였고, 북경

표준어(만다린)는 소수의 중국계 싱가폴리언들에게만 모국어였습니다. 싱가포르에서 영어는 과거 영국의 식민지배 세력과 엘리트들의 언어였습니다. 말레이어, 중국어, 타밀어 등 싱가포르는 사회 구성원 간 의사소통 문제가 심각했으며, 교육은 언어 문제로 인하여 분열되어 있었고, 영어 격차는 곧 기회의 불평등을 의미했습니다.

고촉통 전 싱가포르 총리의 2015년 '글로벌 인재포럼 2015' 인터뷰 내용 중 일부입니다.

"독립 초기만 해도 중국인 자녀는 중국어를 쓰는 화교 학교, 말레이인 자녀는 말레이어를 쓰는 학교, 인도인 자녀는 타밀어를 쓰는 학교에 나눠 다녔다."

"어떤 민족의 모국어도 아니었던 영어를 도입하고 나서야 싱가포르는 하나의 국가가 될 수 있었다."

사회의 대통합과 영어를 일부 특권계층의 언어가 아닌 모두의 언어로 만들기 위해 싱가포르는 만만치 않은 반대에도 영어공용화를 밀어붙였습니다. 영어 공용화로 약해질 수 있는 나라의 뿌리를 강화하고, 문화적 정체성을 이어가기 위해, 이중언어 정책을 시행하여 국민 대다수가 두 개의 언어를 자유자재로 구사할 수 있게 된 것입니다. 이것은 싱가포르의 가장 강력한 경쟁력이 되었으며, 지금 싱가포르는 다민족 국가인 동시에 국가경쟁력 3위 안에 드는 다이아몬드 국가(마름모꼴 국토 모양)로 불리우며 아시아의 허브로 자리를 잡았습니다.

영어 공용화는 이렇듯, 한 국가의 특수한 상황 또는 영어가 그 나라에 미치는 영향, 생활 속 영어의 친숙함, 국가 정책에 대한 국민적 합의 등이 필요합니다.

EF(Education First)에서 2018년 스웨덴인 100명에게 영어를 배우는 이유를 물었는데, 가장 많은 답으로 "스웨덴을 나가서는 스웨덴 말을 쓸 수 있는 나라가 없다"였습니다.[5]

대만에서는 라이칭더 대만 행정원장(한국의 총리)이 영어를 공식언어로 병행하는 방안을 추진 중입니다. 서양 국가에 지배된 적이 없는 대만이 '하나의 중국'의 원칙에 강하게 부딪히면서까지 영어공용화를 추진한다는 것은 국가 경쟁력을 무엇보다 우선시한다는 뜻으로 보여집니다.

우리나라도 한때는 영어공용화 정책을 시도하려고 했었죠. 온 국민이 영어를 잘하고자 하는 열망은 커도, 막상 영어를 사회에 도입하고자 하는 현상에는 단일 민족의 정체성이 영어에 대한 정서적 반감으로 표현됩니다.

영어가 공식적으로 우리 사회에 들어오지 못하는 만큼, 학부모는 사교육에 더욱 많은 비용을 내야 합니다. 소득에 따라 영어 실력에 차이가 나는 잉글리시 디바이드(English Divide)는 더욱 심해지겠지요.

저는 우리나라가 영어공용화 또는 영어몰입교육에 대해 다시 한번 생각해 봐야 한다고 생각해요. 영어공용화가 현실적으로는 힘들더라도, 미래 사회를 살아갈 우리 아이들을 위해서 공교육부터 영어를 강화해야 합니다. 그래야만, 사교육으로 인한 가정경제의 고충을 줄일 수 있고, 우리 자녀들에게도 유럽국가의 아이들처럼 제2, 제3의 언어를 구사할

---

[5] 참고: 스톡홀름 임기원 탐험대원 · 남정미 기자(취재동행), '"스웨덴 밖에서 스웨덴어 쓰는 나라 없다"…초등 1학년부터 영어 수업', 〈조선일보〉, 2019.04.12.

수 있는 기회가 더 열립니다.

한글은 유네스코 세계 기록문화 유산으로서 세계에서 가장 과학적인 언어예요. 한국어가 우리의 제1 모국어로 고유한 가치를 지니는 것과, 영어몰입교육 강화는 별개의 개념입니다. 영어몰입교육이 과거처럼 아이들의 평가 기준이 된다면, 거센 반발을 일으키겠지요.

영어몰입교육의 '목표'를 "국제화 시대에 의사소통을 원활히 할 수 있는 능력을 모든 아이들이 갖는다"로 설정한다면, 오히려 학부모들의 지지를 받을 수 있지 않을까요?

자랑스러운 한글을 지켜가면서, 우리 아이들이 시험 위주의 '써먹지 못하는' 영어가 아닌 효과적인 의사소통의 도구로 삼는 환경을 조성해 주어야 합니다.

2
유아교육이 먼저다

✵ 영어영재라 믿었던 내 아이의 영어 거부 극복기

저는 원래는 극성 엄마 편에 서 있었어요.

첫째를 키울 때는 인지 발달에만 초점을 맞추어 다개국어에 능숙한 아이로 키우는 것이 유일한 목표였습니다. 영어 태교로 원서 파기, 태어나자마자 영어책 읽어주기, 영어로 질문하기, 영어 영상물에 빠지기, 돌 무렵부터 영어 플래시 카드 반복해서 보여주기, 3세 때 본격적으로 영어 그림책 동화 읽어주기, 해마다 영어전집 들이기, 5~7세 영어 사교육으로 홈스쿨링, 6세 때 영어 전문 학원 매일반 등록…. 6세 무렵엔 초등 3~4학년 수준의 이머전 몰입 수업하기.

아이는 3살 무렵부터 추상적인 단어를 빼고는 자기가 알고 있는 우리말 단어를 영어로 계속 알고 싶어 하고, 영어로 말하는 것을 좋아하고 4살엔 알파벳을 인지하고 집에 있는 대부분의 영어 동화책 음원을 외웠어요. 영어 영상물에도 거부감 없이 노출이 잘 된 편이었고, 귀가 밝은 편이라 소리를 예민하게 감지했습니다. 온라인 커뮤니티에 영어 스토리텔링 하는 모습을 올려서 우수상을 받은 적도 있었어요.

제가 영어로 말을 걸어도, 영어로 책을 읽어줘도, 영어로 영상물을 같이 봐도 첫째는 정말 쏙쏙 빨아들이는 것 같았어요.

소리에 민감한 우리 아이가 생활 속에서 영어를 잘 쓰고 있었음에도, 진짜 Reading을 하지 못하는 것이 저는 늘 아쉬웠어요.

긴 호흡의 글밥도 영어소리로 다 외워서 말로 내뱉는 아이. 그런 아이를 칭찬하는 횟수가 점점 줄어들더니, 제 손에는 레벨별 교재와, 아이의 리딩 능력을 체크하는 빨간펜이 쥐어져 있었습니다.

아이가 영어 읽기 독립을 하는 과정을 기록하려고 매일 영상을 찍으며 급기야는 화를 내게 되었어요. 이때가 7세 초반이었어요.

그러다 초등 입학 전 "영.어.폭.발", 바로 "영.어.거.부. 대.폭.발."이 일어났어요. 처음에 저는 아이의 성향 때문에 영어 거부가 왔다고 생각했어요. 워낙 호기심이 많고, 우리말 책 읽기에 흠뻑 빠지기를 좋아하는 아이라서 영어보다 우리말로 하는 지적 탐험을 더 선호해서 생기는 현상이라 여겼어요.

초등 1학년에서 2학년 1학기까지 휴식기를 가진 후 다시 엄마표 영어를 해 보니 아이가 영어를 거부했던 것은 저 때문이었다는 걸 알게 되었어요. '영어를 소리로 즐길 때, 더욱 격려해주고 더 많이 기다려주었다면…' 하는 후회가 남습니다. 남의 시선을 의식해서 아이의 영어 레벨을 높이려고만 했던, 욕심 많은 엄마 선생님이었던 것을 반성하게 되었어요. 이 어리석은 엄마는 둘째에게도 똑같은 실수를 하고서야 겨우 정신을 차립니다.

둘째는 딸이라 아들과는 다른 언어적 천재일 거란 착각에 오빠의 모든 영어 환경을 마구 들이댔어요. 돌 전부터 '마더 구스' 영어 노래를 많이 들려주었는데, 음악뿐만 아니라 영상물에 너무 일찍 노출을 시켰습니다. 첫째가 5세 때 들인 '마더 구스' 전집을 1살인 둘째에게도 같이 보여주었거든요.

그 동화책은 12권으로 된 세트였는데, 영어 노래를 부르지 않고 영어 제목만 말해도 12권 중에서 딱 맞는 책을 찾아오는 딸의 모습은 너무 사랑스러웠습니다.

"역시 여자아이는 언어감각이 어린 시기부터 열린다더니 정말이구나! 기어 다니는 아기가 영어를 알아듣다니~ 영어 신동이 났네!"

김칫국 실컷 먹은 제게 저희 딸은 두 돌이 지나자 "영.어.싫.어."를 선언합니다.

두 녀석 모두 영어에 너무 신경질적으로 반응을 보이니, 어쩔 수 없이 영어 노출을 내려놓는 결단을 했죠. 큰아이가 1학년 8세, 둘째가 4세가 되었을 때예요.

다만, 첫째는 영어로 영화 보기는 포기하지 않았어요.

〈Jurassic Park 1·2·3〉, 〈Home Alone〉, 〈Matilda〉, 〈Jumanji〉, 〈James and the Giant Peach〉, 〈Charlie and the Chocolate Factory〉 등은 아이가 너무 좋아해서 영어로 시청해도 거부하지 않더라구요.

큰아이는 1년 반이라는 기간 동안 영어 학습을 쉬었어요. 2학년 1학기 끝 무렵부터 엄마와 영어 공부를 하기로 약속하고 매일 엄마표 영어를 실천하고 있어요. 지금은 초등 4학년이 되었네요. 무엇보다 첫째는 학교에서 배우는 아주 쉬운 수준의 영어 시간이 즐겁다고 합니다.

공교육 영어를 시시하다고 생각하지 않고, 학교에서 배운 영어를 집에 와서 알려주며 대화 속에서 자꾸 써먹으려고 하는 모습이 엄마가 보기에도 예뻐요.

영어 CD를 틀어 놓으면 바로 와서 어학기를 꺼버렸던 둘째는 6살이 되자 엄마가 일상생활에서 영어 문장을 말해도 예전만큼 거부하지 않고, 그 말이 무슨 뜻인지도 물어보고, 엄마의 영어 문장을 예쁜 발음으로 따라 하기도 해요. 또 제가 가르쳐주었던 영어 표현이 시간이 지나서 아이 입에서 튀어 나오기도 해요. 둘째가 좋아하는 공주가 나오는 〈Cinderella〉나 〈Sleepying beauty〉는 영어로 끝까지 보더라구요.

막내는 우리말 동화책만 읽어주고 있는데, 유튜브 영어채널을 보면서 신나게 춤을 추고는 합니다. 31개월 무렵 어느 날 파란색 자동차를 보고 "파란색 CAR"라고 말하기 시작하더니, "Fire truck", "Loader", "Ambulance", 가장 좋아하는 "Police car" 등을 자연스럽게 말하기 시작했어요.

점점 어휘의 수평적 확장이 되면서 36개월이 되자 "Mixer Truck", "Road Roller", "Excavator", "Garbage Truck" 등을 알게 되었어요.

유튜브로 'Vehicle Song'을 검색해서 보여주고 아이랑 같이 신나게 따라한 것이 전부였어요. 막내한테는 제가 영어로 단어나 사물을 가르친 적이 단연코 한 번도 없었거든요. 셋째는 순전히 유튜브의 도움으로 영어 발화가 가능했습니다.

첫째와 둘째의 영어 거부기를 겪고 조금의 쉼을 거친 뒤 다시 영어를 시작하며 느낀 점들이 있어요.

첫째, 유아 시기 영어는 학습보다는 일상생활에서 노래 듣기나 재미있는 영상 시청하기, 매일매일 엄마가 쓰는 생활영어 표현만으로 충분하다.

둘째, 쉽고 재미있게 그리고 꾸준히 접근해야 유아가 외국어에 대한 호기심을 유지할 수 있다.

셋째, 유아 시기 영어를 거부할 경우 엄마와 충분히 교감하며 모국어로 더 많은 소통한다면 초등 저학년 영어의 황금기를 보낼 수 있는 계기가 된다.

아이들이 영어를 거부했던 18개월 동안 제가 아이들에게 영어를 강요하지 않고, 모국어로 충분히 교감하면서 조금씩 영어와 친해질 수 있도록 한 것이 효과가 있었어요.

그래서 셋째는 모국어에 푹 빠지게 했습니다.
막내는 33개월 무렵 엄마표 영어로 '마더 구스'를 시작했어요. 마더 구스 노래를 들으며 춤추기 그리고 유튜브 영어 채널과 DVD 시청이 전부였어요. 그제야 모든 것들이 제자리를 찾는 것 같은 느낌이 들었습니다.

엄마와 아이가 서로의 얼굴만 보고 있어도 까르르 웃음이 나오는 집.

조금씩 아이들의 마음을 읽고 함께 놀면서 다시 하나씩 하나씩 영어를 꺼내어 보려고 시도했어요. 어떤 날은 아이들이 엄마의 영어표현을 웃으며 잘 들어주고, 또 어느 날은 제 입을 손으로 막기도 해요. "영어 하지 마!" 하면서요. 아이들이 스스로 영어를 표현하는 횟수도 점점 늘어났지요. 그럴 때 드는 생각이 있어요.

"아이들은 무장해제 되었을 때 영어를 하는구나."

"정말 몸으로 느껴서 말을 하는구나."

"재미있고 호기심이 가득한 상황에 놓이면 외국어도 무슨 의미인지 직감으로 아는구나."

"학습과 놀이의 경계에서 영어에 대한 호기심은 항상 있구나."

아이의 모국어가 먼저 풍성해지게 한 후 재미있게 영어소리에 접근하기. 엄마도 아이도 편하고 즐거운 영어는 바로 '소리'와 '흥미'에 초점을 맞추는 거였어요.

✦ 모국어의 뼈대를 먼저 세우기

"우리나라의 독립을 방해하는 친일파를 만나면
어떻게 해야 하지?"

이 문장을 이해하기에 더 유리한 쪽은 만 5세 유치원 아이일까요? 초등학교 3학년 학생일까요?

이 문장에서 주어인 '우리나라'와 서술어인 '어떻게 해야 하지?'는 일상생활에서도 쉽게 쓰이는 말이죠. 그 외에 '방해'와 '만나면'이라는 단어도 금방 이해할 수 있는 생활 언어입니다. 그런데 '독립(獨立)'과 '친일파(親日派)'는 자주 쓰이는 단어도 아니고, 역사적 사실과 더불어 한자어의 뜻까지 명확하게 알아야만 정확하게 이해할 수 있어요.

우리말의 특성상 한자어가 일반명사를 차지하는 비율이 70% 이상이기 때문에 아이들이 단어를 이해하려면 그 속에 포함된 한자어의 뜻까지 알아야 합니다. 저는 영어도 마찬가지라고 생각해요.

이중언어가 아닌 외국어로써 영어를 배운다면, 모국어 밭을 잘 일군 아이가 영어라는 작물을 재배하기 쉽습니다.

그럼 위의 우리말 문장을 영어로 옮겨볼까요?

"What will we do if we meet pro-Japanese collaborators who interrupt Korea's independence?"

pro- ~에 호응하는	collaborator (전시에 자국을 장악한 적군에 대한) 협력자	interrupt (행동을) 방해하다	independence 독립

풍부한 독서와 체험 등으로 근세 역사를 알고 있는 초등학교 3학년이 위의 문장을 이해하는 데 훨씬 유리하겠죠? 아이는 영어 단어의 뜻을 모르더라도 영한 또는 영영사전으로 찾아본 후 자신의 배경 지식 안에서 충분히 이해할 수 있을 것입니다.

루이지애나 주립대학의 황용길 교수님은 '길게 보고 넓게 키워라![6]'라는 글에서 외국어를 배운다는 것은 단순한 말하기 기술이 아닌 그 말에 담긴 의미와 뜻을 배우는 과정이라고 하셨어요. 그 '의미와 뜻'은 우리말을 토대로 한 사고력과 이해력 훈련이 충분히 되어야만 가능하다는 것이죠.

어릴수록 환경 적응에 천재적으로 반응하는 우리 아이들이긴 하지만 가장 익숙한 환경인 모국어가 안정적이어야 영어를 더 좋아하고 즐길 수 있는 아이가 됩니다.

아이들은 자신의 제1 언어인 모국어로 호기심을 충족해야 하고, 엄마와 사랑스럽고 따뜻한 언어로 충분히 의사소통을 해야 합니다.

주변의 모든 사물들, 특히 자연 속에서 온 몸의 감각을 깨우고, 다양한 경험을 통해서 나를 둘러싼 주위의 환경에 감사하며 주변 사람들과 마음을 주고받는 아이. 그런 아이가 훗날 영어를 더 잘 이해하는 것은 당연한 일입니다.

---

[6] 참고: 이남수, 《솔빛이네 엄마표 영어연수》-'전문가의 한마디 : 길게 보고 넓게 키워라', 길벗이 지톡, 2006

✷ 거시적인 교육가치관 세우기

《솔빛이네 엄마표 영어연수》의 이남수 저자는 솔빛이가 어린 나이였을 때 영어를 시작했다고 해요.

디즈니 비디오 보여주기, 파닉스 영어 학습지, 원어민이 있는 영어 학원 보내기 등의 방법을 시도했다고 하는데요. 결과적으로 솔빛이는 우리말 이야기를 좋아하지만 영어로는 무슨 내용인지 알지 못했기에 디즈니 영화를 거부했고, 파닉스는 한글도 읽지 못하는 상태였기 때문에 전화로 영어 학습을 점검받는 것이 부담스러워 중단하였다고 해요.

솔빛이 엄마(이남수 저자)는 원어민 교사가 강의실 아이들에게 보인 폭력적인 행동과, 단어 테스트로 인한 스트레스로 조기영어교육을 중단시켰습니다. 아이가 영어를 거부할 때 겪는 엄마의 마음고생은 경험해 본 엄마라면 잘 알 거예요. 내 아이가 뒤처질 것 같은 불안함과 내 아이는 왜 잘 못하지? 하는 아이에 대한 책망으로 이어질 수 있거든요.

솔빛이 엄마 같은 경우 유아기에 영어를 받아들이기 어려웠던 솔빛이를 나무라지 않고, 아이의 생각이 조금 더 자랄 수 있도록 현명하게 기다려주셨어요. 시간이 흘러 솔빛이가 초등학교 3학년이 되었을 때 솔빛이 엄마는 아이와 계획한 영국 여행에서 부딪힌 경험으로 외국어 학습에서 정말 중요한 일은 "귀가 트이는 것"임을 체험합니다.

이때부터 살아 있는 영어를 배우기 위한 영어 공부 방식을 세울 수 있었다고 합니다.

아이도 엄마도 왜 영어를 배워야 하는지를 실생활에서 체험한 후, '왜'

그리고 '어떻게' 영어를 공부해야 하는지 더 멀리 볼 수 있었던 것이죠.

여성학자 이숙경 씨는 '경험이 풍부할수록 언어도 풍성해진다'[7]는 글에서 너무 이른 언어교육보다 아이가 영어로 세상을 경험하고 싶어질 때까지 기다려줘야 한다고 했습니다. 그녀는 아이가 영어로 누군가와 의사소통 하고 싶어질 때가 바로 새로운 언어와 만나려 하는 시점이며, 스스로의 욕구에 따르는 것이 옳다는 말도 덧붙였어요. 아이를 키우는 엄마로서 참으로 맞는 말이란 생각이 드네요.

19세기 독일의 유명한 천재 학자 칼 비테 주니어의 아버지인 칼 비테는 아들에게 생애 첫 책으로 《아이네이스》를 선택함으로써 아들이 단순한 독일인으로 살아가기보다는 전 유럽을 통합할 메시지를 제시하는 사람으로 키우려 노력했습니다. 일찍이 자녀교육에 빅 픽처를 그리는 동시에 거시적인 가치관을 세웠던 것입니다.

또한 지식만을 심어주기보다 사랑, 겸손, 진리, 감정 그리고 분별력을 가르치기 위해 많은 책들과, 자연을 탐구하게 하고 박물관, 미술관, 동물원, 공장, 광산 등으로 아이를 데려가서 견학을 하고 깊은 대화를 나누었다고 합니다.

이지성 저자는 《내 아이를 위한 칼 비테 교육법》에서 우리의 체험 학습과 칼 비테의 체험 학습의 근본적인 차이점을 지적합니다. 우리의 체험학습이 장소에 초점을 맞추었다면, 칼 비테의 체험학습은 인간 이해에 목적을 두었다고 했어요.

---

7) 참고: 이남수, 《솔빛이네 엄마표 영어연수》-'전문가의 한마디 : 경험이 풍부할수록 언어도 풍성해진다', 길벗이지톡, 2006

칼 비테는 아들에게 사람들이 어떻게 살아가는지 보여주고 다른 사람을 더욱 깊이 이해하게 했습니다. 타인을 이해하는 과정을 통해 아이가 성장하기를 바랐던 것입니다. 그래서 칼 비테 주니어는 인성이 훌륭한 그 시대의 천재가 될 수 있었어요.

전 예일대 교수이자 동암문화연구소 이사장인 전혜성 박사님은 여섯 자녀 모두를 미국 사회에서 진정한 리더로 키운 공을 "덕승재 정신"으로 돌렸습니다.

자녀들이 단지 미국의 일류 대학을 졸업하고 인정받는 직업을 가져서 성공했다기보다는 자녀들이 덕을 앞지르지 않았기 때문이라고 하셨어요.

《지금 시작하는 엄마표 미래교육》을 쓴 이지은 저자(교육 프리랜서이자 기자)는 부모가 아이의 인재상에 대한 뚜렷한 기준이 있어야 왜곡된 교육 정보를 제대로 판단할 줄 알며, 사교육 앞에서 무너지지 않는다고 조언합니다.

미래의 자녀들은 훌륭한 인성을 바탕으로 세계 속으로 나아가야 합니다. 공감 능력이 그 여느 때보다 요구되는 시대예요.

나만의 경쟁력으로 타인을 누르는 승–패의 패러다임이 아닌, 승—승의 패러다임을 미래를 살아갈 우리 아이들에게 심어주어야 합니다. 특히, 영유아 자녀를 둔 부모들은 영어만을 목표로 삼지 말고, 왜 영어가 필요한지를 고민해 봐야 합니다.

영어를 통해 우리 아이를 어떤 사람으로 키울지 큰 그림을 먼저 그려 보세요. 그러면 작은 것에 휘둘리지 않을 뿐 아니라 소신 있고 지혜로운 영어교육을 할 수 있습니다.

3
영어유치원에서 살아남는 아이들

✮ 영어를 잘하는 아이가 살아남는다

영어유치원에 입학한 아이라면, 처음에 조금은 힘들지라도 부모님이 계속 관심을 갖고 기다려주면 결국에는 잘 적응하게 됩니다. 결국 영어유치원도 아이들의 작은 사회, 얼굴 마주보며 함께하는 친구들이 있는 곳이니까요.

한국인 담임으로서 수업 외에 평소 아이들의 심리 상태를 잘 파악함은 물론, 학부모 상담에도 신경을 많이 써야 했어요. 대부분의 아이들은 학기초 어색함이 무색할 정도로 금방 적응을 합니다. 특히 7세 같은 경우는 예비 초등 분위기가 벌써 나요. 7세 아이를 둔 부모님들은 좀 더 학습에 의미를 두신다는 것을 현장에서 많이 느꼈습니다. 그리고 상당수의 아이들이 영어 학원이 끝난 후에도 다양한 수업에 참여했습니다. 7세 반 졸업한 제자들 중 많은 아이들이 사립초로 진학했어요.

영어 학원에서도 눈에 띄는 아이들은, 이미 학습에 대한 준비가 되어 있고 영어의 4가지 영역에 균형을 갖추었거나, 언어 잠재력이 높은 아이들이었어요. 제가 보기에 상위권 아이들은 테스트에 굉장히 익숙해 있었고 때로는 점수에 대한 집착을 보이기도 했습니다. 아마 테스트와 숙제에 대한 부담이 많았을 거예요.

교재가 끝날 때마다 보는 Final Test, 거의 매일 보는 퀴즈, Writing 첨삭, Storytelling Contest 등 아이들은 영어로 알고 있는 것이면 무엇이든 증명해 보여야 했습니다.

제가 일했을 당시에는, 오후 2시 30분 아이들 하원 차량에 다 태워보내고 나서 열심히 테스트지 만드는 것이 제일 중요한 업무인 적도 있었어요. 엄마들은 시험의 결과에 굉장히 예민하셨구요. 저도 상담 전화를 드릴 때, 아이가 영어 학습에 무엇을 잘 인지하고 있고, 어떤 점이 부족한지 감히 평가를 내버렸습니다.

그때 당시 아이들의 영어 실력을 섣불리 '판단'했던 저 자신의 모습을 생각하면, 그때는 최선을 다했었지만, 지금 생각하면 제 자신이 조금은 부끄러워요.

김영훈 소아과 박사님은 《닥터 김영훈의 영재 두뇌 만들기》에서 "경험 기대적 발달"과 "경험 의존적 발달"에 대해 이렇게 말씀하셨어요.

"경험 기대적 발달은 해당 자극을 박탈하지만 않는다면 정해진 시간표에 의해서 이루어지며 해당 자극을 남보다 먼저, 남보다 더 많이 제공한다고 해서 발달이 앞당겨지거나 발달이 더 강화되는 것이 아니다. 그러나 경험 의존적 발달은 해당 자극을 남보다 먼저, 남보다 더 많이 제공할 경우에 발달이 앞당겨지거나 발달이 더 강화된다."

자녀를 영어유치원에 보내는 부모님들은 "경험 의존적 발달"에 더 의미를 둘 수밖에 없지요.

재작년 용인외고 국제반에서 공부했던 제자가 듀크대에 4년 장학생으로 입학했다는 소식을 들었어요. 정말 선생님으로써 뿌듯했습니다. 그 친구는 7세 1년차였지만 아주 단기간에 7세 2년차 아이들을 뛰어넘는 영어 성장을 보여주었거든요.

또 한 친구는 고등학생의 신분으로 지역 신문에 자신의 글을 기고했어요. 그 글을 아버님이 보내주셔서 읽어 보았는데, 성인인 제가 쓰기에도 벅찬 논제였고 글의 어휘, 내용, 흐름, 주장 등이 상당히 설득력이 있었습니다.

영어유치원에 자녀를 보내기로 결정하셨다면, 아이를 '평가'의 도구로 판단하지 않으셨으면 좋겠어요. 그리고 모국어로 충분히 생각과 마음을 키울 수 있는 여유를 마련하실 것을 부탁드리고 싶어요.

사실 저는 영어유치원에서 극단적인 실패 사례를 본 적은 없지만, 힘들어하는 아이들은 만난 경험이 있습니다. 한 아이는 영어유치원을 다니는 것 자체로는 거부감이 없었지만 영어에 대한 스트레스는 여전히 남아 있었고 영어 테스트를 볼 때 점수가 늘 하위권이었어요. 이 아이의 한 살 아래 남동생도 같이 영어 학원을 다녔는데, 성향도 비슷했고 두 형제가 모두 영어 학습에 관해서는 힘들어했어요.

이 아이들의 어머니는 사업을 하시느라 정말 열심히 사셨는데, 교육적인 부분에서는 많이 관여를 하지 않으신다는 느낌이 들었습니다.

제가 관찰했을 때 형은 행동이 느린 편이지만, 굉장히 섬세하고 관찰력이 뛰어났으며 성격이 너무나도 차분하고 순수한 아이였어요. 그림 그리기는 이 아이가 가장 좋아하는 활동이었습니다. 아쉽게도 영어유치원에는 조금 더 빠른 아이, 영어로 더 잘 표현하는 아이가 주목을 받기도 쉽고 적응도도 훨씬 빠릅니다.

영어유치원을 선택하실 때는 반드시 아이의 성향, 기질, 성격 등을 고려해야 합니다.

과도한 학습으로 고통받는 아이들이 소아정신과 전문가들을 찾는 사례가 점점 늘어나고 있습니다. 교육학자들은 과도한 조기교육보다 뛰어노는 것이 좋다고 권장하고 있어요.

일부 초등학교 교사들은 영어유치원 출신 아이들의 우리말 어휘가 빈곤하다는 사례를 종종 언급합니다. 물론, 정확한 통계 수치는 없지만 우리가 귀담아 들을 필요는 있어요.

사교육걱정없는세상에서 발표한 '서울시 유아대상 영어학원 및 전국 사립초 학부모부담금 현황-서울시 학원 및 교습소 등록 현황(2019.09.01. 기준)'을 살펴보면 영어 학원의 교습시간은 일평균 4시간 51분이고, 월평균은 5,807분이라고 합니다. 초등학교 1~2학년의 수업시간보다 1시간 31분이 길고, 중학교 수업시간보다는 6분이 적은 수치입니다.

영어유치원이 축복의 '환경'이 되려면 가정에서 충분히 모국어의 확장을 책임져 줘야만 해요. 언어적 재능이 있는 경우의 아이라면, 영어유치원을 활용하시는 것이 언어 폭발의 도화선이 될 수 있어요.

영어유치원을 '활용'하시라는 것이지, 절대적으로 신봉하지는 마세요.

이른 시기부터 영어를 잘 받아들이고 즐기는 아이들은 분명히 존재합니다. 그런 아이들을 가르쳤던 저는 스스로를 행운의 영어 선생님이라 생각합니다.

다행인 것은, 영어유치원을 보내지 않아도 엄마의 노력으로 영어 영재로 키울 수 있다는 점이에요. 영어유치원 출신의 아이들이 초등학교 입학 후에도 꾸준히 영어를 학습한다면, 영어 상위권을 차지하기에 유리하겠죠.

제가 말씀드리고 싶은 부분은 '영어유치원을 보내야 아이가 영어를 잘한다'가 아니라, '영어유치원 출신이든 일반 유치원 출신이든 노력하는 아이들은 어디에서도 빛을 발한다'는 겁니다. 그리고 아이가 어릴수록 부모가 조성해주는 환경이 무엇보다 중요하다는 점 꼭 명심하세요.

✦ 영어유치원을 선택할 수밖에 없는 이유

영어유치원을 보내려는 부모님들은 영유[8]와 일유[9]의 장점과 단점을 꼼꼼히 비교합니다. 영유로 마음을 굳히고 나면 영유들 간의 커리큘럼을 조사하며 어떤 영어유치원을 보낼지 고민하게 되죠.

정말 다양한 형태의 영유가 생겨나고 있습니다. 예전처럼 발품을 팔지 않고 온라인으로도 많은 곳들을 비교해 볼 수 있게 되었어요.

---

8) '영어유치원'의 줄임말
9) '일반 유치원'의 줄임말

제가 영유에서 만난 부모님들은 자녀교육에 열과 성의를 다하시는 경우가 대부분이었어요. 교육적인 관심이 상당히 높은 편이었으며, 최소한 초등 저학년 영어교육을 내다보고 길게는 중등 교육까지 계획을 세워 놓으신 후 자녀를 영유에 입학시킨다는 느낌을 받았어요.

유아 공교육화로 국가가 유보 통합에도 힘쓰는 가운데 무상 보육비 지원도 점차 확대되고 있습니다. 영어유치원은 유아교육법상 유치원으로 분류되지 않아, 국가에서 지원해주지 않는 시스템이죠. (아동수당은 제외하고요.)

부모가 높은 교육비를 지출하며 심지어는 모국어의 확장이 다소 지체될 것을 감안하고서 자녀를 영어유치원에 보내려는 이유는 무엇일까요? 아마도 양적, 질적으로 충분히 영어에 노출시키기 위해서겠지요.

영어유치원, 사립초, 국제중, 외고·자사고·특목고로 이어지는 특권 교육 트랙이 존재하는 한, 치열한 경쟁구도 안에서 내 아이가 위로 올라서기 위해 '영어'는 핵심입니다.

한편으론 이런 생각도 듭니다. "글로벌 인재는 이 사회가 바라는 사회상이 아닐까?", "이런 인재가 대한민국이라는 작은 사회에서만 활동할 것이 아니라 해외에서 당당히 인정받을 수 있다면 더할 나위 없이 좋지 않을까?" 하고 말이죠.

영어유치원이라는 영어몰입 환경과 비싼 학비를 지원할 수 있는 재력, 가정에서 받쳐주는 탄탄한 모국어와의 균형. 사실 이 삼박자가 환경적으로 잘 갖추어져 있고, 아이가 영어를 언어로 즐겁게 받아들인다면 영유는 축복의 환경이 될 수 있을 거예요.

버지니아 주립대학의 연구에 따르면 지능과 관련된 유전자의 영향력은 사회-경제적 지위에 따라서도 달라진다고 합니다.

영유에 근무하면서 참 다양한 직종의 부모님들을 만나왔어요. 저는 부모님들의 능력보다, 아이들을 향한 그분들의 폭넓은 관심이 기억에 남아요.

한 아이는 영어유치원에 다닌 후로 영어 실력이 정말 많이 향상되었는데 엄마가 영어를 전혀 구사하지 못하셨고 심지어 워킹맘으로 아이와 함께 많은 시간을 보내시지 못하셨어요. 본인이 영어를 못하더라도 아이가 영어를 잘할 수 있도록 영유에 보내며 열심히 벌어야 한다고 제게 말씀하셨던 기억이 나요. 워킹맘으로 늘 바쁘셨지만 언제나 아이와 소통을 하고, 아이에게 어떤 교육이 적절한지 아이의 강점과 약점에 대해 늘 저와 고민을 나누고 소통하셨어요.

또, 인상 깊었던 경우는 굉장히 적극적으로 아이의 교육과 영유의 커리큘럼에 관심을 쏟은 아빠였습니다. 언론계에 종사하셨는데, 아이와 함께 다양한 체험학습 현장을 방문하셨고 그 추억을 아이에게 선물하시는 것 같았어요. 결국엔 자녀교육서까지 출간하셨는데, 그 속에 영유에 대한 좋은 경험까지 풀어내셨습니다.

'세미 영유'가 인기를 끌고 있다는 기사를 보았어요. '세미=semi'라는 뜻을 가지고 있으며, 우리말로 '준영어유치원' 정도에 해당하는 세미 영유는 영어교육 시간이 하루 2~3시간 정도라고 합니다. 영어뿐만 아니라 특별활동으로 수학이나 다른 수업도 함께 들을 수 있고, 영어유치원과는 달리 유아교육법상 '유치원'으로 분류되어 누리과정 혜택도 받는 사립유치원이라고 하네요.

'세미 영유'의 월 교육비는 서울의 영어유치원 평균 교습비 105만 4,000원에 비해 낮은 80만 원 수준이지만, 일반 가정에서 매달 쉽게 쓸 수 없는 금액입니다. 미디어에서도 지적하듯 세미 영유는 사실상 변칙적인 유치원이에요.

세미 영유를 보내는 경우는 크게 두 가지입니다.

영유를 보내는 비용이 감당이 안 되어 세미 영유에 보내는 경우와 본격적인 '영유' 입학에 앞서 아이가 서서히 영어에 적응하도록 미리 세미 영유를 보내는 경우로 볼 수 있겠지요. 무한 경쟁 시대의 부끄러운 단상입니다.

우리나라 교육의 전체적인 입시제도, 교육 불평등이 심각한 사회, 영어에 대해 너무도 집착하는 분위기, 영어가 소통이 아닌 학습으로 통용되는 국가차원의 문제이기도 해요.

통계적으로 서울시 "반일제 이상 유아 대상 영어학원" 중 강남과 서초구의 유아영어학원이 전체의 30%를 차지합니다. 영어에 대한 집착이 심한 사회일수록, 공교육보다는 사교육에 힘이 쏠릴 수밖에 없는 상황입니다.

제가 과외로 만났던 아이들은 모두 국제 학교나, 영어유치원을 다녔어요. 재정적으로 문제가 없는 상류층 가정의 아이들이었기에 영어에 아낌없는 투자를 했던 것입니다.

서울의 전일제 유아영어학원은 2017년 161개에서 2019년 227개로

41% 증가했다고 합니다. 국가의 영어 공교육이 해결되지 않으면, 영어 교육 격차는 점점 더 커질 거예요.

영어만큼은 그 출발선이 같을 수 없을까요?

참으로 안타까운 현실입니다.

✨ 원어민의 기준을 명확히 하기

요즘엔 SNS로 더욱 빠르고 간편하게 외국인 친구들과 소통할 수 있게 되었어요. 물론 사생활 침해도 있겠지만, 넓게 본다면 '영어'는 '관계'에 있어서 국경을 넓혀주는 훌륭한 '매개체'가 틀림없습니다. 랜선으로 소통하는 영어는 정말 생동감 있고 살아있지요.

이제는 미국의 영부인까지 SNS로 동화책을 실시간으로 읽어주는 시대입니다.

아이들을 가르치면서 다양한 원어민들을 만나왔어요. 남아프리카공화국, 호주, 뉴질랜드, 미국, 캐나다, 영국… 이렇게 동료로서 원어민 강사들과 함께 일을 해왔는데요. 원어민 동료들도 이제는 가정을 꾸렸지요. 아이를 키우는 일상을 공유하고 있는데 참 사람 사는 것은 지구촌 어디나 비슷하다는 생각이 들어요.

정말 다양한 에피소드들이 있어요.

제가 근무한 곳은 아니지만, 유명한 영유 원어민 담임(남성)이 아이들 앞에서 욕설을 했다는 소식을 동료 원어민 강사에게 들은 적도 있었고,

계약이 끝난 한 원어민 강사의 원룸을 가보니 쓰레기장이 따로 없었다는 원장님의 이야기도 들었습니다. 저는 원어민이든 한국인이든 교사라면 책임감과 직업적 도덕성 그리고 아이들을 향한 따뜻한 관심은 기본이라고 생각해요.

요즘엔 '미투' 운동으로 여성의 '성'에 대한 인식이 달라지고 있지만, 특히 원어민 남자 강사의 경우 수강생들에게 성적인 접근을 하는 경우도 보았어요. 이런 일은 당연히 없어야 하지만, 그들이 '원어민'이라는 이유로 정확히 의사를 전달하고 요구하는 것을 어려워하시는 학부모와 학생들이 생각보다 많습니다. 그들은 우리 아이들을 가르치는 스승이지만, 학부모와 학생은 그들의 '고용주'이자 '고객'이기도 하므로 정확히 요구하는 것이 중요합니다.

원어민들의 수준도 천차만별입니다. 대한민국 국민이라면, 기본적인 의사소통은 다 할 줄 아는 것처럼 원어민들도 그들의 언어가 영어인 것뿐이에요. 내 아이의 선생님을 기본적으로 존중해야 하겠지만, 원어민이면 무조건 OK라는 식은 아니라는 거죠.

조승연 작가는 국방TV '지식N'에서 '언어천재가 말하는 영어 잘하는 법'이라는 주제로 강연을 하며 이런 이야기를 하였는데요.

"샘 오취리라는 방송인이 한국에서 영어강사 일자리를 알아보고 있었답니다. 그는 가나 국적인데 가나는 영국의 통치를 받은 나라로, 영어가 공용어입니다. 그런데 샘 오취리는 국적이 '가나'라는 이유로 원어민에 부합되지 않아 계속 거절을 당했대요. '죄송하지만, 우리는 원어민 영어강사를 구한다'라는 해명을 들으면서요."

대한민국에서 인정하는 원어민은 선진국의 영어를 쓰는 백인입니다. 도대체 언제까지 '선진국 출신의 백인이 쓰는 언어'만을 영어로만 인정할 건가요? 그리고 한국어에 대한 이해도가 전혀 없는 원어민 강사에게 영어를 배우는 것만이 효과적일까요?

영유아기와 초등 저학년 시기의 아이들에게는 이중언어 환경(Bilingual Classroom Setting)이 최적의 상황일 수 있어요. 어린 연령의 학습자들에게 English-language Classroom의 환경은 세심한 설계가 필요합니다. 무엇보다 외국인과 한국인의 적절한 티칭의 조화가 중요해요.

이중언어 환경(Bilingual Classroom Setting)에서 기대할 수 있는 언어 산출(Language Outcomes)은 바로 '모국어 유지(Maintenance or development of L1)'와 '영어 실력(developing English)의 향상' 이 두 가지입니다.

영어몰입 환경(English-langage classroom)에서는 모국어의 유지나 향상(No maintenance or development of L1)은 이뤄질 수가 없어요. 무조건 영어만을 쓰는 교실 환경을 고집할 필요가 없습니다.

제 주변에는 우리말을 배우는 원어민 동료들이 있었어요. 그래서 제게 아이들이 수업 시간에 말한 한국어를 기억했다가 그 뜻이 무엇인지 제게 묻곤 했지요. 전 그 모습을 보고 그들이 정말 훌륭한 교사라고 생각했습니다.

코로나 19로 아이들의 개학이 미뤄지다가 온라인으로 개학하게 되었어요. 영어 전담 선생님이 계시기에 영어는 자체적으로 운영되는 느낌이었습니다. 온라인으로 수업을 듣고 과제를 제출하는 것까지 처음에는 저도 아이 옆에서 함께 도왔어요. 영어는 EBS 영상을 활용했는데, 원어민들이 어색하지만 또박또박 우리말로 설명을 덧붙여주시는 모습이 인상적이었습니다. 더욱더 친근하게 느껴지기도 했구요.

아이들과 원어민 강사 사이에는 언어뿐만이 아니라 정서적인 교감이 흘러야 해요. 교육적인 마인드가 훌륭한 원어민 강사들이 대한민국에 모이려면, 제한된 인종과 국가에서 벗어나야 합니다. 교육적인 철학과 인성, 비영어권 학생들을 비롯하여 교육에 종사한 경험이 풍부한 인재를 잘 선택해야 하는 것도 공교육과 사교육 모두에서 해야 할 일입니다. 영어 실력이 출중하고 영어교육을 새로운 패러다임으로 내다보는 국내 영어 강사들도 많이 있습니다. 하지만 이 역시도 입시제도하에서 영어 강사들이 능력을 마음껏 펼치기가 어렵지만, 그래도 영어를 '소통'으로 가르치려는 시도가 계속되고 있으니 다행입니다.

지금도 한국에 가끔씩 들르는 저의 옛 동료인 원어민 강사는 아직도 한국의 제자들과 소통합니다. 한국에서 유치부 때부터 가르친 아이가 이제는 고등학생이 되었다며, 자신이 이 세상 어디에 있든 자신이 가르쳤던 이 아이를 응원할 거라는 그녀의 다짐에 저는 전율이 느껴질 정도였어요. 이런 원어민 강사를 동료로 둔 것이 참 뿌듯하네요.

4
일반 유치원의
장점을 누리는 아이들

✦ 일반 유치원을 선택하고 영어를 고민하다

월 100만 원. 당시 여섯 살인 저희 집 큰아이 월 교육비의 마지노선이었어요.

6세 때는 대학부속 유치원을 다녔는데, 유치원에서 영어 수업뿐만 아니라 어떤 특기 수업도 이뤄지지 않았어요. 아이는 주 4회 원어민 선생님이 있는 영어전문 학원과 주 1회 영어 방문 학습으로 주 5회 영어 사교육을 진행했어요.

유치원 월 교육비에 맞먹는 비용을 매달 영어에 지출했고, 태권도, 피아노, 미술, 축구, 학습지, 온라인 학습 등 모든 비용을 합산하니 매 달 100만 원 정도가 나오더군요.

언어에 대한 감이 좋았던 큰아이는 7세가 되면 영어유치원도 잘 적응할 법도 했거든요. 문제는 영어유치원 비용만 최소 월 100만 원이 넘어갈 텐데 그 외의 사교육 비용을 감당할 수가 없었다는 점이었어요.

둘째를 낳고는 파트타임만 해왔기에, 경제력이 탄탄히 받쳐주는 상황도 아니었거든요. 그래서 일유를 7세에도 계속 진행하기로 결정했고, 대신 영어 수업이 없는 대학 부속 유치원을 그만두고 주 4회 영어 수업을 진행하는 일유로 옮겼어요.

셋째를 출산하며 큰아이는 종일반에 들어가서 5시까지 유치원에 있어야 했어요. 아이의 신체적, 정신적 상황을 고려해서 영어 학원은 무리일 것 같아 6세 때 1년만 다니고는 중단했습니다. 단, 영어 전문 선생님의 방문 수업은 7세에도 주 1회로 계속 진행했어요. 사실 주 1회 방문 수업이지만, 교재비가 만만치 않았어요. 그렇다고 가장 저렴하고 보편적인 학습지로 영어를 시키자니, 영어가 전공인 선생님을 찾기는 어려웠습니다. 저는 유아 시기 만나는 영어 선생님은 최소한 어학이나 교육학을 전공하신 분을 만나야 한다고 생각했거든요.

아이를 낳기 전에는 당연히 영어유치원에 보내야지 하고 맘먹고 있었거든요. 영어유치원에서 만난 똘똘한 아이들을 떠올리며, 제 아이도 그렇게 되기를 바랐습니다. 그런데 막상 아이를 낳고 유아교육을 다시 공부하면서 아! 하고 깨닫게 되는 것들이 너무 많은 거예요. 유아기의 놀이와 창의력, 전인교육이 얼마나 중요한지를 뒤늦게 알게 되었거든요. 모국어의 중요성과 전인 발달에 더 중점을 두고 나니, 마음이 한결 가벼워졌어요.

첫째는 초등 3년 내내 학교 통지표에서 어휘력이 풍부하고 표현력, 이해력이 높다는 평가를 들었어요.

엄마로서 아이가 가진 잠재력을 높이 평가하고 있기도 하고, 우리 아이 영어가 늦었다고 생각한 적은 없습니다. 초등학교 시기부터 영어를 시작해도 절대 늦지 않아요.

반면에 영어유치원만의 고유한 장점들을 최대로 활용하여 투자한 비용만큼 효과를 누리는 경우도 주변에 많이 있습니다. 영어유치원의 커리큘럼은 영어, 즉 언어 교육을 중심으로 하기 때문에 꾸준한 영어의 노출량은 보장되죠.

대부분 영어유치원을 졸업한 후 초등 특별 심화과정에 들어갑니다. 이미 영어몰입 과정을 이수한 아이들이기 때문에 특별한 어려움이나 시행착오는 없겠지만 어디까지나 꾸준함과 지속적인 노력이 관건입니다.

"영유를 보내라, 보내지 마라"의 차원을 넘어서, 저는 우리 아이들이 '행복한 인재'로 자라났으면 좋겠습니다. 어디까지나 선택은 개인의 몫이구요.

첫째를 일유에 보낸 것을 절대 후회하지 않아요. 그것으로 된 거죠! 일유에서 잘 놀고, 모국어로 충분한 사고 확장과 호기심을 유지할 수 있었어요. 특히, 프로젝트 수업으로 자신의 생각을 더 심화시킬 수 있는 다양한 방법들을 함께 찾을 때의 기쁨이란!

3년이 지난 지금도 아이가 그때의 프로젝트 주제들은 잊지 않고 가끔 질문을 던지네요.

✦ 모국어의 바다에서 꿈꾸는 아이들

아이들은 정말 호기심 박물관이라고 할 만큼 주변에서 일어나는 모든 것을 알고 싶어 합니다.

이 시기 아이의 두뇌는 전두엽 발달이 한창인데 이 전두엽은 인성과 도덕성을 관여하며 종합적·창의적인 사고와 계획 그리고 실행의 기능을 합니다.

EBS 다큐프라임 〈언어 발달의 수수께끼〉 중에서 의사소통 능력과 종합적 사고력이 폭발적으로 발달하는 유아기에 새로운 언어가 과도하게 주입되는 것은 아이의 두뇌를 혼란스럽게 하고, 완성형이 아닌 한창 발달 과정에 있는 전두엽에 해가 된다는 이야기를 들었습니다.

뇌 과학자들은 아이의 전두엽 발달에 집중해야만 창의적인 사고와 도덕성의 기초를 마련할 수 있다고 주장하는데, 우리는 이런 과학적인 근거를 무시한 채 영어몰입 환경에 아이를 적응시키려 합니다.

창의적인 사고력은 언어 능력과 밀접한 관계를 맺고 있어요. 아이가 많은 어휘와 표현을 알게 되면, 그것을 자신의 언어로 더욱 자세하고 효과적으로 표현할 수 있습니다. 우리말 능력과 사고력이 잘 갖춰질수록 아이가 이해할 수 있는 폭도 넓어져요.

역사, 과학, 정치, 경제, 문학, 예술 등 그것이 텍스트로 되었든, 온몸으로 체험을 하든 아이는 자신의 모국어로 받아들이고 저장하는 데 막힘이 없어야 합니다. 만약, 이런 활동들이 영어로 진행된다면 같은 내용을 배우더라도 깊이의 차이가 생길 수밖에 없습니다. 물론 아이들은 영어를 배울 때 표현 언어는 부족해도 "이해 언어"는 상당히 빠릅니다. 하지만 이해와 표현이 어느 정도는 균형을 맞추어야 사고의 깊이가 더해집니다.

"왜요?/ 다른 방법은 없나요?/ 저는 이렇게도 해 보고 싶어요./ 어떻게요?…" 아이들은 우리말로 거침없이 질문하고 생각하고 표현해야 합니다. 다양한 장르를 아우르고, 풍부한 상식과 폭넓은 배경지식을 가지기 위해서 유아 시기의 아이들은 탄탄한 모국어 울타리 안에서 배워야 해요.

앞으로 계속 언급하겠지만 뇌 발달상, 영어몰입교육은 만 7세는 되어야 효과적입니다. 그 많은 양을 영어로 차고 넘치게 들어야 한다면 모국어로 하는 사고와 언어 표현이 훨씬 수월한 초등 시기가 적기예요. 영어로 정보를 받아들일 때 뜻을 바로 이해하지 못하더라도 전후 맥락의 흐름을 파악하고 그 의미를 유추해 낼 수 있는 능력이 어린 연령의 아이들에게는 부족합니다.

뉴욕 〈타임〉지 베스트셀러 1위를 기록했던 브랜든 버처드의 《식스 해빗(Six Habits)》에는 사고를 전환하는 데 필요한 질문이 있다고 말합니다. 예를 들자면, '그건 이런 식으로 생각해봐', '그 일에 대해 어떻게 생각하는지', '우리가 이렇게 해본다면 어떻게 될 거라고 생각하는지' 등과 같은 사고 전환 유도 질문입니다.

우리는 아이들의 사고를 자극하기 위해서 '정답'이 있는 질문이 아닌 "왜"와 "어떻게"로 확산적인 질문을 계속해서 던져야 해요.

저는 모교 부속 유치원에서 교생 실습을 했던 한 달간의 경험을 지금도 잊을 수가 없어요. 주임선생님께서 아이들의 의견을 경청하고는, "왜 그렇게 생각하니?"라고 꼭 아이에게 물어보셨거든요.

그때 당시 저는 정말 당황스러웠어요. 유치원 때부터 대학교까지 그런 질문을 받아 본 적이 없었으니, 아이들과 어떻게 의사소통을 해야 할지 막막했거든요.

한번은 '이야기 나누기' 수업 과제를 열심히 고민하고, 준비해서 아이들 앞에 섰어요. 그날 주임선생님과 회의를 하는데 "조 선생님은 아이들을 입시 가르치듯이 하는 것 같아요"라고 말씀하셨어요. 제가 준비한 수업의 큰 주제는 '봄'이었고, 저는 아이들에게 꽃이 어떻게 피고 꿀벌이 어떻게 꽃에 유익한 곤충인지, 꽃가루의 역할과, 수분이 무엇인지 설명만 장황하게 했던 거죠.

"아… 내가 어린아이들을 가르치려 했구나…."

실습 기간 동안 아이들의 생각이 얼마나 창의적이고 아름답고 자유로운지 유치원 교실이 어떤 신성한 공간처럼 느껴졌어요.

영어몰입 환경에서 아이들의 유연한 사고를 마음껏 펼치기가 과연 가능할까요?

영어로 된 질문에 우리 아이들이 얼마나 즐겁게 또 다양하게 대답을 할 수 있을까요?

아이들이 매일매일 모국어의 바다에 풍덩 빠져서 신기하고도 때로는 비밀스런 항해를 한다고 상상해 보세요. 더 세심하게 우리 아이들의 관심사를 관찰하고, 많은 것들이 열려 있는 환경을 만들어주세요. 더욱 행복하고 풍요로운 유아기를 보낼 수 있을 거예요. 그 경험을 바탕으로 초등학교에 들어가서, 언어의 뇌인 측두엽이 발달할 때, 영어를 더욱 효과적으로 배울 수 있습니다.

✮ 일유에서 행복한 영어영재 만들기

일유를 다닐 경우, 가정에서 영어 환경을 열어주는 것이 좋아요. 유치원에서 거의 매일 배우는 영어책들은 집에서 꼭 복습해주세요. 엄마는 아이와 같이 영어를 듣고 말하면서 꾸준히 소리 노출을 도와야 합니다. 단, 학습이 아닌 즐거운 소리와 놀이 위주의 활동으로요.

첫째는 5세 때 시작한 방문 영어 수업을 7세 때에도 꾸준히 하고 있었어요. 3년차 무렵, 제가 레벨을 강제적으로 높이려 했어요. 7세에 리딩 교재를 시작했습니다. 아이는 점점 더 영어를 강제적으로 한다는 느낌이 들었는지 "영어가 싫다"고 했습니다.

셋째가 태어나면서 다둥이 맘이 되니, 본의 아니게 큰아이를 좀 다그치게 되었어요.

"이제는 읽을 수 있지 않니?"

"이 단어는 어떤 소리가 나지?"

"이 단어는 무슨 뜻이야?"

그래서 초등학교에 들어가기 직전 영어를 중단하고, 그 이후로 학습은 1년 반 동안 시키지 않았어요. 대신 영어 영상물은 놓치지 않았구요.

내 아이가 영어유치원 출신의 아이들과 비교가 되지 않을까? 일유를 보내는 엄마들은 늘 초조한 마음을 갖고 있는 것 같아요.

일반 유치원과 어린이집의 영어는 가정에서 더 많은 관심을 가져줘야 해요.

기관에서 영어를 특기 수업으로 배울 시에 아쉬운 점들을 현장에서 온몸으로 부딪히며 체험했어요.

그중 아쉬운 점 5가지를 뽑아 보았습니다.

※ 일반 유치원 영어 수업의 아쉬운 점

첫째, 일반 유치원 영어는 대그룹으로 진행되기 때문에 집중도가 떨어진다. (7세 같은 경우는 한 반에 거의 30명 내외다.)

둘째, 기관의 영어 수업은 아이들의 아웃풋을 단순하게 몇 마디 끌어내는 데 그친다. (아이들이 수업 차시 때마다 목표 문장들(Targeted Sentences)을 일시적으로 따라 해야 한다.)

셋째, 여러 기관을 다니는 파트타임 영어 파견 강사는 아이들과의 친밀도가 부족할 수 있다. (말 그대로 영어만 가르치는 파견 강사다!)

넷째, 아이들의 호기심을 자극하기 위해 경쟁을 유도한 게임이 많고, 아이들을 모두 다 참여시키는 데 전체 수업의 많은 시간을 쓴다. (짧은 시간, 교사의 주도하에 이루어지는 일방적인 수업이다.)

다섯째, 부모는 아이의 영어 선생님과 소통하기가 어렵다. (학부모는 영어 선생님이 어떤 이력과 교육철학을 가졌는지 알기 어렵고, 일 년에 한두 번 참여하는 영어 공개 수업은 과장된 퍼포먼스 위주라 내 아이가 영어를 어떻게 배우는지에 대한 정보가 부족하다.)

하지만, 이런 단점도 몇 가지 팁을 활용하시면 충분히 영어를 잘할 수 있는 아이로 키울 수 있습니다.

> ※ **일반기관에 다니면서 영어 잘하는 아이 키우기 tip**
>
> 첫째, 아이와 단둘이서 하루에 30분 내외로 유치원에서 배우는 영어 교재를 함께 듣고 보고 어떤 이야기인지 어느 부분이 재미있는지 '우리말'로 이야기 나눈다.
>
> 둘째, 영어 교재의 문장들을 엄마가 먼저 공부하고, 아웃풋을 강요하지 않는 대신, 적절한 상황을 만들어 엄마가 먼저 영어 문장을 말해 본다.
>
> 셋째, 영어 교재의 주제와 관련된 다양한 활동이나, 유튜브 영상 시청, 연계된 영어 도서들로 확장시킨다.
>
> 넷째, 영어의 '소리', 즉 영어 교재의 음원을 충분히 노출시켜주고, 노래와 챈트를 적극적으로 활용한다.
>
> 다섯째, 영어 선생님, 담임선생님, 원장님께 '영어교육'이 어떻게 이뤄지는지 모니터링하고 상담을 요청한다.

기억에 남는 어린이집 원장님과 학부모 한 분이 계세요. 당시 민간 어린이집 원장님이셨고 아이들의 영어에도 관심이 많으셔서 제게 "스피치 경연대회"를 열어 보라고 하시더라구요.

기획은 원장님의 머릿속에서 나온 것이지만 모든 것은 영어 선생님인 제가 준비하고 실행해야 했습니다. 막상 하려니 아이들 한 명 한 명 그동안 배웠던 교재들 중 스크립트를 각각 뽑아서 연습시키는 일이 만만치가 않았어요.

엄마들을 초대하지는 않았지만, 어린이집 전원이 스피치 하는 모습을 동영상으로 촬영을 하셨어요.

영어 선생님 겸 MC로서 스피치 대회를 진행하는 것이 얼마나 떨리던지요.

무엇보다 아이들이 수업 시간에 배운 영어를 친구, 동생, 형님들 앞에서 큰 소리로 말하는 그 모습이 정말 최고였어요. 아이들 각자가 큰 박수와 함께 원장님께 받은 작은 상장이 언젠가는 빛을 발할 거라 확신합니다.

많은 기관들을 다녀봤지만, 영어 스피치 대회를 먼저 제안하시고 저를 잘 써먹으신(?) 분은 그 원장님이 유일합니다!

어느 날 걸려온 한 통의 전화, 셋째가 배 속에서 자라고 있을 때, 멀티미디어 수업으로 어린이집에서 영어 수업을 하고 있었을 때였어요. 3~4세 통합 반이었는데, 4살 여자아이의 엄마인데 담임선생님께 제 연락처를 여쭤 보았다고 하셨어요. 아이가 영어를 너무 좋아하는 것 같은데 어떻게 도와줘야 할지 잘 모르겠다며 도움을 요청하셨지요. 저는 영어 홈스쿨링 방법을 알려드리고 교재를 추천해드렸어요. 그다음부터 그 아이를 대하는 제 태도는 말 안 해도 알 수 있겠죠?

그 아이는 영어에 대한 관심은 많은데, 성향이 내성적인 여자아이였어요. 앞에 나와서 발화를 시키면 작은 목소리지만 영어를 좋아하는 아이라는 것을 알기에 아이의 빛나는 눈을 감지할 수 있었어요.

이 어머니의 전화가 아니었다면, 저는 그냥 목소리가 작지만 잘 경청하는 아이라고만 생각했을 거예요. 엄청난 영어 잠재력을 가지고 있음을 알지 못했겠지요.

2018년 3월부터 시행된 선행 학습 금지법에 따라 초등학교 1~2학년 영어 방과후 수업을 받을 수가 없어 많은 학부모들이 사교육으로 눈을 돌릴 수밖에 없는 상황이 되었지요.

유치원까지 일관성 있게 영어 수업을 금지해야 한다는 정부 방침에 저는 쓴웃음을 지을 수밖에 없었어요.

2017년 12월, 많은 학부모들에게 논란이 되었던 "유치원 영어 방과 후 금지 정책"은 정부가 영어 배우는 것도 못하게 하느냐는 학부모들의 강한 반대에 부딪혀 1년 유예가 되었습니다. 결국 유은혜 사회부총리 겸 교육부 장관이 취임한 후, 2018년 10월 사회·교육·문화 분야 대정부질문에서 유치원 영어는 '놀이중심 방과 후 과정을 허용'하는 것으로 발표했어요.

저는 정말 의아했습니다. 유치원과 어린이집의 영어 수업은 영어강사 한 명이 대그룹으로 수업을 하게 되는데, 매번 수업을 할 때마다 놀이로 수업을 한다는 것은 불가능합니다.

일반 유치원 영어 수업은 한 반에 30명 정도인 데다 20~30분 내외인 수업 시간입니다. 놀이는 영어 교수법의 하나일 뿐이지 모든 것을 놀이 중심으로 가르친다는 것은 불가능하기 때문입니다. 요즘엔 멀티미디어 수업이 많이 활성화되어 있는데, 수업 방향이 너무 일방향(one-way)으로만 흐르지 않는다면 좋은 의사소통 시스템의 역할을 하게 됩니다.

놀이를 중심으로 영어를 가르친다는 취지는 좋지만 만약 주 3회 이상의 영어 수업을 하는 경우는 몇 가지의 놀이 방법을 도입해야 할까요? 교육부가 아닌 보건복지부 소속 어린이집에 다니는 원아들이 참여하는 특별활동 중 60.8%가 영어 수업이라고 합니다. 약 75만 명이 어린이집을 통해서 영어를 접하고 있어요. 부디 정부와 관련부처들은 미래의 우리 아이들을 위해서 올바른 교육 정책으로 영어로 인한 계급격차가 더는 커지지 않도록 지혜를 모아주시기 바랍니다.

5
아이의 모국어 수준을 넘어서지 않는 영어

✨ 영어유치원 6세와 7세의 차이

6세 아이들을 가르칠 때였어요. 두 명의 남자아이들이 티격태격하고 있던 중에 서로 자신의 억울함을 호소합니다.

한 아이가 먼저 "Teacher, Jake did this, this… this… this…" 하면서 울기 직전까지 가요. 다른 한 아이도 "Eric did this, this… this… this…" 이렇게 말하면서 자기를 변호해요. 그런 경우를 볼 때는 정말 안타까움이 많아요. 표현 언어로서 영어의 한계.

7세 반에서도 아이들끼리의 갈등 상황은 반복됩니다. 여자아이는 남자아이가 괴롭힌다고 제게 도움을 요청해요. 그때 남자아이는 오히려 목소리 톤을 높여 말을 합니다.

"I didn't do anything wrong."

문제가 발생할 때마다 이 아이는 이 말만 먼저 내뱉었어요. 그래도 6세 아이보다는 7세 아이가 훨씬 더 성숙한 영어 표현을 쓰는 것만은 확실하죠.

엄마들이 종일제 영어 학원을 선택할 때 가장 많이 묻는 질문이 바로 연령에 관한 것인데요. 저는 이런 질문을 받을 때, 참 난감해요. 영어유치원은 '언어 능력'이 중요한 지표가 됩니다. 입학 여부를 아이들의 연령으로만 구분하기가 어려워요. 내 아이의 성향을 먼저 알아야 하고, 아이의 성별, 성격, 선호도, 재능, 모국어 실력, 영어의 노출량 등 여러 가지 것들을 파악하는 것이 중요합니다.

그래서 무작정 "6세 때 보낼까요?"이나 "7세 때 보내는 것이 나을까요?" 아니면 "5세부터 보내는 것이 결과적으로 좋겠지요?" 하는 질문을 받을 때 저는 학부모님의 자녀가 어떤 상황인지를 여쭤봅니다.

간단하게 말씀드리면, "내 아이를 종합적으로 판단한 후 영유에 보내라"는 답을 해드려요. 결론은 부모의 선택이니까요. 부모가 내 아이를 얼마나 잘 파악하고 있는가는 영어유치원 선택에서 중요한 요인이 될 수 있습니다.

"영어유치원을 다녀서 아이가 영어를 잘하느냐?"에 대한 대답은 저는 할 수가 없어요. 한 명, 두 명, 세 명… 아이들을 만난 수만큼 다양한 경우들을 목격했으니까요.

제 경험으로 한 가지 사실은 말씀드릴 수 있어요. 영어유치원을 다닌 아이들의 "공통된 영어 실력 향상은 없었다"라는 점입니다.

세상 이치가 그렇듯이, '영어 실력이 단연 최고인 아이-영어를 또래보다는 조금 더 잘하는 아이-영어를 잘하지는 않지만 어찌 되었건 따라는 오는 아이-존재감이 없을 정도로 영어를 전혀 하지 않는 아이-영어를 너무 거부해서 눈에 확연히 들어오는 아이' 굳이 서열을 따지자면 이 러했습니다.

저는 현장에 있을 때, 엄마들이 5세 1년차, 6세 1년차, 6세 2년차, 7세 1년차, 7세 2년차, 7세 3년차 등으로 구분을 지으면서, 연차에 따른 레벨에 무척 예민하다는 것을 느꼈어요. 학원 입장에서도 더 오래 다닌 아이들에게 더 많은 관심을 보일 수밖에 없습니다.

교재로만 봤을 때는 1년차와 3년차의 수준 차이가 제법 있어요. 1년차 아이들이 이제 막 파닉스 교재와 아주 쉬운 단문으로 된 스토리 북을 읽기 시작했다면, 3년차 아이들은 미국 교과서를 배우고 있으니, 지켜보는 엄마들이 애가 탔을 것 같아요.

"기왕 영유 보내는 거, 좀 더 일찍 보냈으면 우리 아이도 더 높은 수준일 텐데…" 이런 식으로 말이죠.

사실, 영유를 더 오래 다닌 아이들의 교재 수준이 높을 수는 있지만, 저는 아이들이 그것을 다 흡수하고 있는지가 늘 의문이었습니다. 학원은 교육 사업장이기 때문에 더 많이 그리고 더 오래 원생을 유지하는 것이 중요하죠.

일찍 시작한 아이가 더 잘한다라는, 비약이 심한 장밋빛 미래를 보여줄 수밖에 없어요. '아이가 교육 내용을 얼마나 잘 이해하고 소화하는가?' 이것이 1차적 고민이 아니라, 학부모에게 얼마나 절박하게 '어려운 수준의 영어를 보여줘야 하는가?'가 시급한 일입니다.

하지만 영어유치원을 오래 다녔어도, 그 아이는 유아기의 사고를 가지고 있어요. 아이가 설령 영어 유창성이 또래보다 뛰어나다고 해도, 그 차이가 그렇게 크지는 않아요.

7세 때 시작해서 3년차를 따라잡는 아이도 있고, 5세 때 시작했지만 7세가 되어도 영어 실력이 크게 향상되지 않은 아이도 있어요. 6세라도 영어에 관심이 많고, 학습에 대해서 호기심을 갖고 즐겁게 받아들이는 경우라면, 6세에 영어유치원이 잘 맞을 수도 있어요.

반면, 7세인데 한글을 스스로 읽지 못한다거나, 동적인 활동을 좋아하고 영어에 관심이 없는 아이라면, 영어유치원이라는 곳이 즐거운 환경은 아닐 거예요.

중요한 것은, 유아교육 기관은 전인 교육의 장이어야 하는데 너무 이른 시기부터 학습을 종용하게 되면, 아이의 뇌 발달도 저해되고 이는 초등학교 입학 후 더 큰 문제로 발전될 수 있다는 점입니다.

현장에 있었을 때는 확실히 7세 아이의 적응력이 빨랐어요. 7세는 의자에 앉아서 학습 활동을 하는 데 큰 어려움이 없었습니다.

딱 한 번 대변 실수를 한 7세 남자아이가 있었어요. 그리고 점심시간 이후에 책상에서 잠에 못 이겨 고개를 떨구는 아이들은 6세 반에 더욱 많았구요. 그런 점에서 원어민들에게 전적으로 담임권을 주기보다는 한국인 교사와 Co-teaching 시스템으로 운영하는 것이 아이들의 발달을 위해서도 좋습니다.

연령이 어릴수록 아이들의 심리적인 면이나, 집중력의 한계 등을 감안해서 수업 시간에 주의를 기울여야 하니까요.

영유에 돈을 쓰지 말고, 그 돈을 모아서 아이들과 해외 살기를 해 보라는 조언을 들어본 적이 있어요. 교실에 갇힌 영어보다는, 아이와 함께 엄마도 해외에서 영어를 온몸으로 익히는 것이 더 효과적인 투자일 수도 있겠지요.

너무 일찍부터 고가의 사교육에 투자하는 것보다, 부모를 위한 노후자금으로 모으거나, 아이의 미래를 위해서 펀드에 투자하는 등 자녀의 미래를 준비하는 것도 현명한 방법이지 않을까요?

✤ 유아기 외국어는 한계가 있다? 없다?

예전에는 지상파 방송에 나오는 사교육 광고를 통해 영어를 잘하는 아이들이 위기의식을 안겨주었다면, 지금은 다양한 채널을 통해서 소위 말하는 '영재'를 볼 수 있어요.

종편을 비롯한 미디어의 수익은 광고 매출이 주요 수입원이기 때문에 제작사 입장에서는 더욱더 자극적인 콘텐츠를 만들어야 하죠. 특히 엄마를 타깃으로 한 채널들은 비범한 아이를 귀신같이 찾아냅니다.

언어에 비범한 소질을 지닌 이 언어 천재들을 보면 갑자기 이 아이가 우리 옆집에 살고 있다는 착각이 들어요. 저도 아이의 평범함을 제 탓으로 돌리거나, 아이를 다그친 적도 솔직히 있었어요.

"아이는 언어 천재다"라는 과장된 프레임을 냉정하게 바라봐야 합니다. 아이가 태어나면서 언어에 천재적인 면을 보이는 것은 대부분 '모국어' 능력, 즉 태어나서 만나는 최초의 언어 습득에 관한 것입니다. 현재까지 조기영어의 효과는 명백하게 밝혀지지 않았어요.

아이의 우리말 어휘력, 아이가 읽고 있는 우리말 책, 아이의 관심 분야 등 모국어로 먼저 풍부한 세계를 경험시켜주세요.

우리말 책을 읽어줄 때, 아이가 생각지도 못할 정도의 글밥을 소화할 때가 있어요. 그런 경우는 대부분 아이가 좋아하는 분야 혹은 내용이 너무 재미있거나, 아이의 호기심을 자극하는 콘텐츠를 담고 있는 경우일 거예요. 그러나 부모가 여기서 더 욕심을 내어, 아이 수준을 뛰어넘는 내용을 이해시키려 한다면 어떻게 될까요?

우리 아이들은 더 이상 배우고 싶어도 뇌가 받아들이기 어려워서 그만둘 수밖에 없어요. 그런 경험이 계속해서 되풀이된다면 아이는 학습에 대해 긍정적인 자아상을 형성하지 못해요.

아이가 소화할 능력을 벗어나면, 아무리 교육적으로 가치 있는 내용도 소용이 없지요. 때로는 아이의 눈높이에 맞추고, 조금 더 자라서 뇌의 용량이 커질 때까지 기다리는 것도 필요해요. 아이들에게 영어를 가르칠 때 우리는 어떤 태도를 가져야 할까요?

우선, 영어를 모국어와 직접적으로 비교할 수가 없는 것이, 유아기 영어는 '자본'이 개입합니다. 사교육으로 영어를 시켜야 하기 때문에 돈이 들어가요. 그럼, 우리 엄마들 입장에서는 "내가 지금 얼마를 썼는데…" 하는 생각에 모국어보다 훨씬 낮은 수준으로 천천히 반복해서 배우는 상황을 견디기가 어려워요.

사교육 시장에서는 레벨별로 쪼개고 쪼개어 끝도 없는 커리큘럼을 만들어 냅니다. 유아기는 쉬운 수준의 영어를 배워도 전혀 문제될 것이 없어요. 우리 아이의 영어에 너무 조급해하지 마세요.

《몰입 영어》의 저자인 황농문 교수님도 성인이 되어 다시 영어를 시작한다면, 원어민 5세 정도의 수준을 목표로 하라는 말씀을 하셨어요. 너무 낮은 수준이 아니냐고 반문하실 수도 있겠지만, 원어민 5세는 우리나라 나이로 7세 정도 되겠죠. 그럼, 우리나라 7살 아이들은 모국어를 어느 정도로 잘할까요? 일상생활에서 자기가 하고 싶은 말을 거침없이 다 표현하죠? 어른에 비하면 유창한 어휘력을 갖고 있지 않은데도 말이죠.

유아기엔 조금 더디게 가더라도 모국어로 꽉 찬 사고가 먼저입니다. 옆집 아이가 배우고 있는 영어 교재를 너무 의식하지 마세요.

애니메이션 영화 〈겨울왕국(Frozen)〉에 관련된 재미있는 에피소드가 있어요. 큰아이가 46개월 무렵 〈겨울왕국〉이 개봉했어요. 정말 엄청난 열기였었죠.

아이는 'Let it go' 노래를 금방 다 외워서 부를 수 있었어요. 그때는 그저 영어 리듬감을 익힌다는 생각으로 즐겁게 노래를 듣고 따라 부르게 했어요. 제가 어휘를 알려준 것도 아니었고, 5살 아이가 이해할 만한 수준의 문장이 아니라고 판단했지요. 그냥, 아이는 재미있게 노래를 처음부터 끝까지 부르고 또 불렀죠.

10살 무렵 첫째는 〈알라딘(Aladin)〉 영화를 영어와 더빙, 두 가지를 반복해서 보았어요. 〈알라딘〉의 ost 중 두 곡을 아이와 함께 노래로 배웠습니다. 그런데 'unbelievable, indescribable, endless, speechless' 등 아이는 계속해서 어휘의 의미를 알려고 했고, 저는 아이와 해석을 같이 해 보며, 그와 관련된 구문, 파생어, 접두사, 접미어 등등 꼬리에 꼬리를 물고 아이와 기쁘게 배워 나갔어요. 두 달 동안 한 곡의 노래를 들은 횟수를 기록해 보니 600회 가까이 되었더군요.

5세와 10세가 영어를 배우는 방법은 이렇듯 확연히 차이가 있었어요. 둘째가 6살 때에는 여느 여자아이들처럼 〈겨울왕국〉을 정말 좋아했어요. 어느 날 둘째가 "Do you wanna build a snowman?" 이 장면을 보며 "엄마 'Do you wanna build a snowman'은 '눈사람을 만들래?' 이런 뜻이야?" 하고 물어봤어요. 엄마는 이제부터 '~를 할까? 하고 싶니? - Do you wanna play(eat, drink, sing)?' / '~를 짓다, 만들다 - Build a bridge(castle, car, building)'로 계속된 패턴을 아이에게 쓰며 영어 표현에 생명을 불어넣을 수 있어요.

6세 아이가 상황에 맞는 몇몇 구문은 이렇게 이해할 수는 있지만, 10세가 배우는 방식으로는 배우기 어려워요. 모국어가 한국어인 6살 아이의 사고와 똑같은 6살의 영어 실력을 기대하는 것 자체가 무리예요. 우리말로 더 많은 질문을 할 수 있고, 훨씬 다양한 생각을 할 수 있는 시기에 영어로 생각하고 말하게 한다면 아이가 세상을 보는 시야는 오히려 좁아집니다.

✦ 원어민처럼 발음하기를 목표로 하지 말되, 노력은 하자!

유아기 영어에서 가장 효과적이고 눈에 띄는 점은 바로 아이들의 원어민 같은 발음입니다. 조기영어교육에서 적어도 발음만큼은 전문가들도 그 효율성을 인정하고 있지요. 영어 발음을 자신감 있게 하려면 몇 가지 팁이 필요합니다.

우리나라는 발음의 유연성만으로 그 사람의 영어 실력을 평가하려는 경향이 강한 편이에요.

현재 스팽글리시(이베리아 반도의 영어), 힝글리시(힌두어+영어), 벵글리시(벵골식 영어), 재플리시(일본식 영어), 콩글리시(한국식 영어) 등 전 세계적으로 2억 명이 61개의 변종 영어를 쓰고 있다고 합니다.

다국적 기업인 IBM의 유럽 지사 직원이었던 프랑스인 장 폴 네리에르는 세계의 언어, 글로비시(global+English)를 고안해 냈어요. 글로비시는 그가 40개 국가의 동료들과 영어로 업무를 진행하면서 만들었는데, 1,500개의 기본 단어와 쉬운 문형만 사용하기 때문에 단기간에 의사소통을 가능하게 합니다.

이미 전 세계 영어 사용자 중, 영어가 외국어인 사람이 영어가 모국어인 사람보다 3배가량 많습니다. 또한 영어로 의사소통이 가능한 사람이 15억 명에 달한다고 해요. 영어는 이제 명실상부 현대의 '링구아프랑카(공용어)'지만, 현재는 '제3자 실무형 영어'라고 불리는 좀 더 알아듣기

쉬운 영어가 힘을 얻는 추세라고 합니다.[10]

꼭 버터 바른 발음일 필요는 없어요. 하지만 우리가 조금씩 개선하려는 노력을 기울인다면 훨씬 좋겠죠? 최대한 발음을 입 밖으로 소리 내어야 합니다. 특히, 외래어는 본래의 영어 음원으로 들려주는 것이 좋아요.

큰아이는 4살 때 다양한 동물 이름을 우리말과 영어로 인지하고 있었어요. 제가 "It's an elephant" 하고 코끼리 사물카드를 보여주면 아이는 좋은 발음으로 "elephant"라고 따라 하고, 옆에 있는 아빠에게 "아빠, 코끼리는 영어로 'elephant'래" 하고 말해주었어요.

동물 다음으로 푹 빠지게 된 공룡 세계. 아이는 티라노 사우르스, 트리케라톱스, 벨로키랍토르, 카르카로돈토 사우르스, 파라사우롤로푸스, 프테라노돈, 브라키오 사우르스 등등 100여 개에 달하는 공룡 이름들을 술술 말하기 시작했어요.

우리말 공룡 백과사전으로만 공룡을 배우다가, 뽀로로 놀이교실에서 우연히 '벨로시랩터'라는 용어를 본 후 분명히 아이는 '벨로키랍토르'로 알고 있었는데, '밸로시랩터'로 배우게 되니 헷갈렸나 봐요. 그러다가 쥬라기 공룡 영화에서 벨로키랍토르가 '랩터'로 불린다는 것을 알게 되었죠. "티래노쉬뤄스", "트라이세라텁스" 등등 영어로 듣는 공룡 이름을 너무 좋아하며 따라하는 큰아이를 보면서 한국식으로 많이 바뀐 외래어 등은, 최대한 그 원음 그대로 노출시키는 것이 좋다는 생각을 했어요.

---

10) 참고: 김미희 기자, "[Global Issue] 언어는 國力의 상징? …세계는 지금 언어 전쟁 중", 〈한국경제〉, 2009.10.09.

6
학습과 놀이의 조화로 영어의 호기심 키우기

✬ 체험과 배움으로 언어를 풍요롭게

아이들과 얼마 전 제주도로 가족 여행을 다녀왔어요. 평상시에는 저도 늘 유튜브로 영어 방송을 듣고, 뉴스도 영화도 노래도 다 영어로 보고 듣지만 공항과 기내에서 피부로 접하는 영어는 너무도 반가웠어요.

"Good morning ladies and gentlemen.
Our flight will take 30 minutes.
In order to ensure the normal operation or aircraft nevigation and communication systems, electronic device and the laptop computers throughout the flight are not allowed to use.
We will take off immediately, please be seated, fasten your seat belt and make sure in front of you.
This is non smoking flight, please do not smoke on board.
We hope you enjoy the flight! Thank you!"

큰아이는 자신감 넘치는 기장님의 안내 방송에 상당히 관심이 많았어요. '이렇게 쌍방향 소통을 매일 할 수 있어야 피가 되고 살이 되는 영어가 되겠구나.'

가끔 아울렛 같은 곳에서, 일본어 방송이 나올 때면 아이는 항상 "엄마 지금 들리는 일본어는 무슨 뜻이야?"라고 물어봐요.

큰아이가 6살 무렵, 일본 여행을 갔을 때는 일본어 문장 몇 개를 알려줬는데, 아직도 기억을 하고 있어요. 남편의 지인을 방문한 거라, 아이는 자연스럽게 일본인 이모, 삼촌과 어울렸어요.

화장실이 너무 급한 아이에게, "トイレ"라고 알려주니, 아이는 그다음부터 화장실 갈 때마다 이 단어를 금방 말하더군요. 언어는 내가 체험하고 느껴보고 경험해 봐야 하는 살아 있는 존재죠.

새로운 언어는 '말'을 넘어서 '사람'과 '문화'의 만남입니다. 우리는 전 세계에서 다양한 국경의 사람과 언어를 마주하게 됩니다.

저는 많은 학부모들이 자녀의 다개국어 능력을 단지 우리 자녀들이 입시에서 이기기 위한 도구로 바라보지 않기를 바라요. 많은 엄마표 영어 선배님들이 영어를 자주 '체험'하라고 말합니다. 해외로 직접 가서 먼저 부딪혀 보라고 말이지요. 해외에 한 달 살기 또는 일 년 살기가 유행을 지나 이제는 새로운 트렌드로 자리 잡아가고 있는 듯해요.

영어를 닫힌 공간에서 학습으로 배우는 것이 아닌, 활짝 열린 공간에서 체험할 수 있도록 주변의 영어 인프라를 적극적으로 활용해 보는 것은 어떨까요?

해외로 꼭 나가지 못하더라도, 요즘에는 웹상에서 다 연결되는 세상이므로 화상영어, 실시간 채팅 혹은 SNS 계정 팔로우와 팔로잉의 관계로 양방향 소통의 영어를 체험할 수 있습니다.

✨ 놀이식 영어를 맹신하지 말 것

어린아이들은 스펀지처럼 배우는 것들을 빨아들인다고 하죠. 예전에는 해 질 때까지 실컷 노는 아이를 집에 데려오는 것이 흔한 광경이었다면, 이제는 스마트폰, 태블릿, 컴퓨터, TV 앞에서 꿈쩍도 안 하는 아이를 끌어당겨 제발 조금이라도 밖으로 나가라며 실랑이를 벌이는 모습이 익숙합니다.

그렇다면, 유아기는 어떨까요? 저는 놀이야말로 아이들이 누리는 유일한 특권이라고 생각해요.

성인이 일을 통해 자신의 존재가치를 인정받듯이 아이들도 놀이를 통해 잠재된 능력을 표출하며 결국엔 자아를 실현시킵니다. 놀이를 그저 단순히 노는 행위로만 보면 안 돼요.

정부에서는 놀이 중심의 영어를 강조하기까지 합니다. 사교육 업체가 이 기회를 놓칠 리가 없겠죠. 영어 사교육 시장은 점점 더 고가의 상품을 내놓습니다. 창의력을 강조한 놀이식 패키지 프로그램의 대대적인 마케팅이 이뤄집니다.

저는 서로 다른 두 회사의 유아 프로그램으로 가정 방문 수업을 해 본 경험이 있습니다. 하나는 '교구 중심' 영어 방문 수업, 다른 하나는 '교재

중심' 영어 홈스쿨링이었어요.

교구 중심 영어 프로그램이 가격 면에서는 두 배 가까이 비싼 편이었고, 교재 중심 영어 프로그램은 한 세트가 100만 원을 넘는 데다, 교사가 방문하면 월 10만 원이 넘는 수업료를 추가로 내야 했어요.

교구로 하는 수업은 아이와 책상에서 하는 정적인 방식이었습니다. 가장 어린 아이는 4살이었어요. 아이와 실물로 수업을 하는 것은 좋았지만 아이는 계속 이쪽, 저쪽으로 움직이려고 했어요.

교구로 하는 수업의 전 과정이 매뉴얼처럼 정해져 있었고 저도 신입이었기에 최대한 그 방침을 따르려고 했거든요. 아이가 움직이고 주의가 흐트러질 때 제 나름대로 아이의 눈높이를 맞추고 계속 영어로 떠들어 댔어요.

엄마 옆으로 가려고 하면 "지금은 수업을 해야 해", "어서 여기 와서 앉으렴", "선생님이 …을 보여줄게", "그러면 안 되지?" 등등 영어로 계속해서 설득을 하면서 "나는 영어 선생님이다"를 끝도 없이 알려야 했습니다.

홈스쿨링 교재 방문 수업이 개인적으로 조금 더 나은 환경이었던 같아요. 우선 부모는 교재의 풀세트를 구매했기에, 주 1회 방문을 하기 전 일주일간 저와 공부할 교재를 DVD와 CD로 열심히 보고 듣는 시간을 갖습니다. 그리고 매주 교재에 해당하는 Activity를 별도의 학습 키트로 배웁니다.

'파티'에 해당하는 주제의 교재라면, 책을 접하고 나서 아이와 고깔모자를 만들고 역할극을 합니다. 'Color'가 주제인 경우, 독후 활동으로 아이와 동물 모양의 스펀지에 물감을 묻혀서 도화지에 찍고 미술 활동을 하는 것이죠. 아이들은 확실히 다양한 놀이를 하면서 즐거워했어요.

교사는 주제를 염두에 두고 수업 설계를 하지만, 결국 아이에게 남는 것은 오감을 자극하며 선생님과 즐겁게 논 경험이에요.

놀이 속에 학습이 녹아 들어가게 하는 것.

어린 연령의 아이들일수록 '놀이'를 최전방에 두고 그 속에 '영어'를 지혜롭게 숨겨두는 것입니다. 요즘은 엄마표 영어 놀이에 관련된 자료와 강의들이 참 많아진 것 같아요. 그래서 저도 기왕이면 고가의 돈을 쓰지 않고도, 엄마가 아이와 함께 영어를 배우는 것을 추천합니다.

무엇이든 멋지게 만들어내는 엄마가 부러워도 그건 제 몫이 아니라는 생각을 해요. 어떤 교구가 여러 번 활용될 수 있다면, 시간과 노력을 들여 만들어 보는 것도 좋겠죠.

'엄가다[11]'라고 해서 굳이 힘들게 자료를 만들지 않아도, 쉽고 간단하게 만들어 활용하는 것이 육아나 집안일로 바쁜 엄마들에게는 나을 거예요.

'놀이=영어'가 완전체로 이뤄지기는 사실 어려워요.

그런데, 우리는 점점 더 욕심을 냅니다. 저 교재를 사면 영어유치원을 안 보내도 된다고 하고, 이 특성화된 기기 및 장비를 사용하면 놀면서도 영어가 술술 나온다고 하네요. 한 번 사 놓고 당장 안 보더라도 초등학교 때까지 뽕을 뽑을 수 있다고 하니 그 비싼 가격에도 쉽게 설득을 당

---

11) '엄마의 노가다' 줄임말

하게 됩니다.

저는 영어교육자로서 특히 유아를 대상으로 한 수업은 교사와 아이의 상호작용이 중요하다고 생각해요.

교재나 교구에 대해서 맹신하지 말기!

투자한 가격이 높아질수록, 교재나 교구의 '효과'를 자꾸만 검증해 보고 싶은 마음이 생겨요. 쉽고 명료한 영어를 사용하며 교사 혹은 보호자가 놀이 환경을 만들어준다면, 영어도 알게 되고 즐거움도 느낄 수 있겠죠.

놀이식 영어에 비싼 영어 프로그램이 들어오면, 우선순위가 '교구'나 '교재'가 되어 버립니다. 아이의 생각 이전에 교구의 우수성이 먼저 소개되고, 교재의 탁월함을 찬양(?)하는 수준까지 와 버리게 되죠.

과학적인 근거와 여러 연구 결과들이 뒷받침해준다고 해도, 결국엔 사교육의 입맛에 맞는 근거들만 나열한 꼴이에요. 저출산 시대에 유아 사교육비가 늘어나는 이 기현상에 저는 합류하고 싶지 않습니다.

진정한 놀이의 효과는 무엇일까요?

놀이는 유아가 정서적으로 안정감을 갖게 하고, 다른 사람의 감정을 읽을 수 있게 하며 서로 간의 규칙과 기다림을 배우게 합니다. 아이들은 놀이를 하며 인지의 동화, 조절, 평형화 상태를 경험하며 인지적 발달도 경험할 수 있습니다. 계속 시도하며 실패하더라도 다시 도전하는 힘과 자율성 및 자존감까지 얻게 되지요.

4차 산업혁명의 가장 핵심인 창의성은, 아이들이 자유자재로 놀면서 끊임없이 창조하는 능력입니다.

미국의 교육 심리학자인 브루너(Jerome Bruner)와 아동심리 학자 서튼-스미스(Briansutton-Smith)는 놀이가 융통성의 발달을 이끈다고 했어요. 바로 이 융통성이 유아가 문제 상황의 해결 방법을 찾는 데 도움이 된다고 보았습니다.

브루너는 놀이에서 사고의 서술적 양식(narrative models)의 중요성을 강조하였어요. 유아가 사회극 놀이에서 자신이 구성한 서술적 이야기를 말할 때, 놀이의 참여 경험이 유아로 하여금 서술적 능력을 학습할 기회를 제공하고 결국 유아의 서술적 사고 능력을 촉진하게 된다는 것이죠.

서튼-스미스는 뇌 발달 연구와 진화론에 근거하여 '적응 가변성(adaptive variability)'이라는 놀이 개념을 제시했어요. 이 적응 가변성은 고정된 것이 아닌 급격성, 예측 불허성 등을 포함하며 놀이가 미래 세계를 살아갈 유아의 '적응 가변성'을 보장해주는 중대한 역할을 한다고 보았어요.

유연성이야말로 이 세상이 점점 더 급변하고 예측할 수 없는 환경이 되면서 우리 아이들에게 요구되는 지식과 기술입니다.

지식 위주의 '학습'보다는 적응 가변성을 보장해주는 '놀이'의 중요성이 더욱 강조되는 추세입니다. 놀이 환경은 부모가 개입하는 것보다 아이들 스스로 해 볼 수 있도록 허용해주는 것이 좋아요. 하지만, 이미 우리는 돈을 지불하고 다양한 '놀이 학습'을 시키는 상황에 이르렀습니다. 어른들은 결코 아이들의 놀이를 방해할 수 없어요.

영어로 놀이하는 프로그램이라는 이름 아래, 우리는 아이들을 정해진 틀 안에 가두어 놓고 예상 가능한 놀이와 영어를 배우게 합니다. 놀이는 그 자체로 독립적으로 대우를 받아야 해요.

EBS 다큐프라임 〈놀이의 반란〉에서는 독일에서 1990년대 설립되기 시작한 숲 유치원을 보여주었는데요. 숲 유치원은 적절한 통제 속에 아이들에게 자유로운 놀이를 허락하는 대안 교육입니다. 그들의 동기 부여, 인내력, 집중력, 운동 능력, 창의력, 사회성 등 거의 모든 요소에서 일반 유치원 출신 아이들보다 뛰어난 능력을 보여줬어요. 아이들은 산길과 다름없는 자연에서 끊임없이 접촉함으로써 자연스럽게 지식을 쌓았던 것입니다.

아이들이 마음껏 신나게 놀게 해주세요. 김경희 저자의 《틀 밖에서 놀게 하라》에서는 아이들이 공부를 놀이처럼 해야 한다고 강조합니다. 흙 한 번 만져본 적 없는 아이가 어떻게 창의적이고 융합형 인간이 될 수 있을지 의문을 던집니다. 저자인 김경희 교수님은 아이들이 깨어야 할 벽으로 구세대인 엄마의 틀, 육체적 활동의 틀, 정신적 사고의 틀, 주입식 교육의 틀이라고 했어요.

잘 놀아야, 더욱 잘 배우게 됩니다. 놀이로 자기 만족감이 충족된 아이로 키우는 것이 중요해요. 어릴수록 '놀이'가 우선이 되어야 한다는 점 잊지 마세요.

진정으로 영유아를 위한 영어 수업은 "흥미 중심"으로 가르쳐야 합니다. 3~5세 정도의 유아들에게는 오감을 체험하여 영어를 배우는 것이 효과적입니다. 기본적으로 아이의 오감을 자극하며 영어에 대한 흥미를 유지시키는 것이 영유아 시기에는 무엇보다 중요합니다. 6~7세가 되면, 스토리텔링이나 주제에 연관된 워크북을 활용한 영어 수업도 충분히 가능해요.

예상하건대 앞으로 다양한 영어 놀이 수업 프로그램이 생겨 날 것이라 봅니다. 그런데 이것 또한 겉으로 보이는 화려한 퍼포먼스 위주로 진행될 확률이 매우 높을 거예요. 화려함 속에 내 아이에게 남는 기억은 그저 현란한 자극일 뿐이지 않을까요?

✨ 가정은 가장 위대한 배움터

엄마와 아이의 상호작용은 조기교육에 가장 중요한 요소입니다. 조벽, 최성애 박사님 부부는 우리나라 부모들이 너무도 쉽게 어린 자녀들을 '외주'에 넘긴다는 비유까지 하셨어요.

《유대인식 무릎교육》에는 전 세계 인구 대비 0.2%에 불과한 유대인들이 30%의 노벨상을 수상하는 데 어머니의 가정교육을 가장 큰 요인으로 보았습니다.

저도 세 아이의 엄마로서 아이들을 키울 때 양육자와 자녀와의 관계가 건강해야 함을 매번 느낍니다. 가르침 이전에 엄마와 아이의 따뜻한 애착 형성이 이뤄진다면, 아이는 주변 환경에 대해 더욱더 안정감을 가지고 다가갈 수 있어요.

윌리엄 메리대학교 교육심리학과 김경희 종신 교수는 부모가 아이에게 '긍정적 태도'로 대하는 것이 창의력의 지름길이라고 했어요. 그 '긍정적 태도'는 아이가 이 세상이 밝고 안전하고 믿을 만한 곳이라는 인식에서 시작하다고 하셨습니다.

'긍정적 태도'는 결국 아이가 세상을 바라보는 관점을 긍정적으로 바꾸고, 아이가 정한 목표는 반드시 달성할 수 있다고 믿고, 결과보다 과정에 몰입할 수 있는 힘이 됩니다.

교육(敎育)의 사전적 의미는 '지식과 기술 따위를 가르치며 인격을 길러줌'입니다.

양육(養育)은 '아이를 보살펴서 자라게 함'을 의미합니다.

보육(保育)은 '어린 아이들을 돌보아 기름'이라는 뜻입니다.

어린아이를 대상으로 하는 이 배움의 행위에는 길러준다는 뜻이 반드시 포함되어 있어요. 길러준다는 것이 의미하는 것은 아이가 태어나서는 생리적인 욕구를 만족시키는 것부터 시작해서, 더 자라서는 아이의 전인적인 면을 키워주는 것까지 해당되겠죠.

대부분의 부모가 무한한 애정과 사랑을 먼저 준 후에야 아이가 마주치는 '배움의 발견'에 관심을 기울이게 되듯이, 처음부터 '영어를 잘하는 아이'로 키우자는 욕심은 내려놓으셨으면 해요. 대신 '사랑 많고 행복한 세계적인 인재'로 키우리라는 결심을 마음속 깊이 새겨 놓으시고, 느긋하게 가세요.

그렇다면, 가정은 왜 최고의 배움터가 될 수 있을까요? 바로 1:1로 아이의 의사를 존중해줄 수 있기 때문이에요. 아이가 무엇에 관심이 많은지, 아이가 어떤 활동에 호기심을 느끼는지 엄마는 아이를 관찰하면, 어렵지 않게 알 수 있어요.

아인슈타인도 특별한 재능이 아닌 열정적인 호기심을 강조했지요. 우리에게는 매일 반복되는 일상이지만, 아이들에게는 하루하루가 새로운 세상입니다. 익숙한 것을 그저 수동적으로만 받아들이는 것이 아니라, 다른 각도로 바라보는 연습을 한다면 더욱 능동적이고 세상을 적극적으로 살아가는 아이로 키울 수 있어요.

눈이 많이 내린 날 아이들과 신나게 눈 위에서 발자국을 남겨 보고 눈을 만져 보고 눈덩이를 만들어 보았어요. 첫째는 어떻게 하면 눈덩이를 더욱 효과적으로 만들 수 있는지 평평한 바닥에서 굴려 보고, 한 손으로 굴려 보고, 경사가 기울어진 곳에 굴려 보고, 양손으로 일정한 거리를 두고 왔다 갔다 굴려 보았어요. 그렇게 자신만의 방법으로 굴린 눈덩이를 집에 가져와서는 냉동실에 넣어두더군요.

며칠간 눈이 더 내린 탓에 이번에는 아빠와 함께 눈덩이를 훨씬 더 크게 만들어 눈사람을 만들고 왔어요. "어떻게 그렇게 크게 굴렸니?" 하고 물었더니 아이는 비법을 깨달은 듯이 자랑스럽게 말하더군요.

"엄마, 눈덩이를 굴릴 때 바닥 쪽으로 눌러서 굴리면 이렇게 크게 만들 수 있어."

똑같이 생각하고 똑같은 답을 하는 것은 아이의 개성을 무시하는 교육입니다. 물론, 기초적인 세상의 이치나 지식을 아이가 깨닫는 것도 중요하지요. 일방적인 답 찾기나 주입식 공부법은 우리 아이들의 창의성을 죽이는 교육입니다.

아이가 다양한 경험을 하게 세상을 열어주는 것도 부모의 몫이에요. 열린 세계에 대해 질문을 하는 아이에게 부모가 열렬히 반응해주고, 아이 스스로 생각할 기회를 준다면 아이는 유연한 사고를 키울 수 있을 거예요.

하버드 대학교에는 AGI(Achievement Gap Initiative) 프로젝트의 일환으로 시작한 '베이직스(Basics)' 캠페인이 있어요. 이 베이직스는 부모들에게 아이들의 뇌 발달을 위한 다섯 가지 습관을 일상화하도록 가르치고 있습니다. 가정의 배경에 따라 아이들의 인지력 격차가 커지는 것을 방지하고자 하는 목적이었어요. 유아기 때 부모의 역할과 가정이라는 울타리는 아이에게 전부라고 해도 과언이 아니에요.

하버드 베이직스 5가지 습관은 부모와 아이의 '안정'된 '상호작용'과 아이의 '잠재된 능력'을 끌어올리는 노력을 강조합니다.

> ※ **하버드 베이직스 5가지 습관**
> 1. 애정을 쏟아 스트레스 관리하기
> 2. 말을 걸거나 노래 불러주기, 혹은 손가락으로 가리키며 알려주기
> 3. 숫자 세기, 그룹 묶기, 비교하기
> 4. 활동과 놀이를 통한 탐구
> 5. 독서와 토론
>
> – 베이직스 상세 정보 참고: www.bostonbasics.org

가정이야말로 아이들의 첫 번째 영어유치원입니다.

엄마가 집에서 아이와 함께한다면 아이에겐 영어는 재미있고, 놀면서 배우는 즐거운 외국어라는 인식이 생겨요.

아이는 영어 표현에 더욱 노출이 되고 직접 그림을 그리거나 만들기, 요리하기 또는 실험, 노래하기 등을 통해서 영어를 즐기게 됩니다. 그에 관련된 스토리 북이나, 영어 영상물을 접한다면 장기적인 기억으로 남

을 확률이 높아요.

클레이를 손으로 만들어 보는 활동은 눈과 손의 협응력, 아이들의 사고력, 창의력, 집중력을 길러주는 동시에 클레이 특유의 부드러움은 아이에게 감성적으로 안정감을 줍니다.

클레이 외에도 밀가루, 라이스페이퍼, 모래놀이 등을 사용해 보세요. 아이들은 조물조물 자기만의 작품을 창의적으로 만들 수 있어요.

이때 엄마는 전문 아티스트도, 영어 선생님도 아닌 함께 영어를 배우는 학생이 되는 거예요. 주제에 맞는 콘셉트를 영어로 말해 보는 것만으로도 아이에겐 이중언어 놀이 환경이 됩니다.

영어 노래는 아이들이 스스로의 감정을 다루며 다양한 음조와 멜로디를 배우면서 영어 감각을 키울 수 있습니다. 영어 요리 활동을 할 때 엄마와 아이가 함께 재료 준비부터 조리 과정을 거쳐 음식의 물리적 변화까지 관찰한다면, 이것이야말로 이머젼 수업이 되는 것이죠.

영어로 오감 활동을 진행할 때는 너무 추상적인 개념이나 아이의 모국어에 준하는 수준보다는 아이가 이해하기 쉽고, 명확하고 주위에서 흔히 볼 수 있는 있는 쉬운 개념을 써 보세요.

소아정신과 노경선 교수는 경험의 기억은 이후 아이가 어떤 사람으로 결정하게 될 것인지를 결정하는 중요한 요인이라고 합니다. 아이의 뇌는 다 자라지 않아서 경험을 의식적이고 논리적인 기억으로 정리하지는 못하지만, 아이에게 들어간 모든 자극은 기억으로 남아 아이의 평생에 걸쳐 영향을 준다고 하셨어요. 저서 《아이를 잘 키운다는 것》에서 인간의 경험은 일생에 걸쳐 뇌세포 간 연결망을 변화시킴으로써 하나의 뇌를 형성한다고 했습니다.

뇌세포 간 연결망은 그 길이로 따지면 330만 km가 넘는데, 인간의 뇌는 온 우주에서 가장 복잡한 사물이라고 합니다.

어린 자녀를 둔 부모들은 자녀와의 즐거운 놀이를 통해 영어를 온몸으로 기억하게 해주세요. 일상생활 속에서 오감을 적극적으로 활용하는 것이 고가의 영어 교재보다 훨씬 더 효과적일 것입니다.

조기영어교육이란 무엇인가?

1
뇌 발달과 조기교육

✤ 아이의 뇌 발달을 알면 조급할 필요가 없다

많은 부모들이 아이가 좀 더 일찍 영어를 배운다면, 영어를 더욱 잘할 수 있을 거라는 기대를 합니다. 사실 '조기영어'를 면밀하게 들여다보는 부모는 많지 않습니다. 오히려 우리는 조기영어를 정당화하려는 영어 사교육 업체의 끊임없는 광고와 홍보를 무비판적으로 수용하고 있지요.

생명 과학 분야에서 가장 큰 관심을 받고 있는 뇌과학, 두뇌 단층 촬영기술이 발달하면서 우리는 뇌과학을 이제 교육과 학습에 적용시킬 수 있게 되었습니다.

가천대 뇌과학연구원 서유헌 석좌교수는 "과도한 조기교육이 아이에게 각종 신경정신질환을 유발할 수 있다"고 경고하며, "강제교육에 의해 지(知)의 뇌는 혹사당하고 있지만, 감정과 본능의 뇌는 억눌려 메말라 있다"고 하였습니다.

"뇌 발달 시기에 맞는 교육법"을 부모가 먼저 공부하면, 조기영어의 강박에서 벗어날 수 있습니다. 영유아기인 만 0세부터 3세까지의 뇌는 어느 한 부분만 발달하는 것이 아니라, 모든 뇌가 골고루 왕성하게 발달하는 시기입니다. 그중에서도 감정의 뇌가 일생 중 가장 빠르고 예민하게 발달하기 때문에 주 양육자의 충분한 사랑이 최우선입니다.

영아기에는 엄마와의 정서적인 교감이 무엇보다 중요한데, 요즘에는 과도한 조기교육으로 0세부터 아이들의 뇌를 혹사시키려고 합니다. 일방적이고 지식을 주입하는 편중 학습은 어린 영아들에게 절대로 해서는 안 될 것입니다.

그렇다면 기관에서 영어를 배우기 시작하는 3~6세 유아기의 뇌에서는 어떤 일이 일어나고 있을까요? 유아기는 전두엽이 더 빠른 속도로 발달을 하는데, 전두엽은 종합적인 사고력과 창의력, 판단력, 주의집중력, 감정의 뇌를 조절하는 가장 중요한 부위일 뿐 아니라 인간성과 도덕성, 종교성 등 최고 기능을 담당하는 곳입니다.

아이의 성격과 사고력이 바로 이 전두엽의 영향 아래 있습니다. 이 전두엽은 행동 억제와 자기 조절 및 미래를 계획하는 능력도 담당하고 있어, 그 기능이 떨어지게 되면, ADHD, 게임 중독, 학습 부진 등의 증상이 나타난다고 합니다.

전두엽이 최고로 발달해야 하는 유아 시기, 우리는 아이들에게 무엇을 가르치고 있나요? 암기 위주의 선행학습, 한글 학습지, 현란한 교재와 교구, 과도한 영어 주입 등 인간의 지적 능력만 강조하는 그런 교육으로 우리 아이들을 에워싸고 있지 않나요?

유아기는 인성과 도덕성, 집중력, 동기 부여 등을 중심으로 교육을 해야 하고, 새롭고 자유로운 창의적 지식, 즉 한 가지 정답보다 다양한 가능성을 지닌 지식을 가르쳐야 합니다. 예절 교육과 인성 교육을 유아기에 강조하는 이유도 바로 여기에 있습니다. 이 시기 성품에 대한 올바른 교육을 받은 아이들이 커서도 훌륭한 인품을 가진 사람으로 자랄 수 있는 것입니다. 그러나 우리 주변에는 아이들의 머리에 지식을 더 빨리, 더 많이 채우는 것이 성공이라고 믿는 어른들이 여전히 많이 있어요.

"초·중등교육, 심지어는 유아교육까지 대학 입시준비 교육으로 전락하면서 남보다 더 먼저, 더 많이 할수록 공부를 잘 할 수 있으며, 감정과 본능 충적 없이 공부만으로 아이가 잘 살 수 있다는 잘못된 생각이 만연해 있다."

"아이 특성이나 적성을 고려하지 않은 채 일률적인 인간을 만들어 내는 두뇌 평준화 교육이 지배하는 나라…."

가천대 뇌과학연구원 서유헌 석좌교수가 진단한 지금 대한민국의 교육 현실입니다. 언어 기능을 담당하는 측두엽이 가장 빠른 속도로 발달하는 시기는 유아기가 아니라 초등기인 만 6세부터 12세 시기입니다. 유치원 입학 전부터 시작하는 조기영어교육은 뇌 발달상 교육적 효과가 그렇게 크지 않습니다.

✡ 내 아이의 속도에 맞추는 조기영어교육

다섯 번째 생일이 지나고서 한글 읽기 독립을 한 큰아이, 큰아이는 동생이 태어나기 전까지 책을 많이 읽어주기는 했지만 한글 교재는 따로 시키지 않았어요. 스스로 책을 읽고 글자를 쓰기 시작한 이후인 7세에 국어 학습지를 시작했습니다.

둘째는 첫째보다 더 빨리 한글을 떼었으면 해서 25개월부터 한글놀이 수업을 시켰어요. 3세에 시작해서 5세까지 그렇게 몇 년간 둘째의 한글 학습지 수업은 계속되었습니다.

둘째는 6세 무렵, 첫째처럼 한글을 스스로 읽기는커녕 제가 한글 교재를 가르쳐주려고 펼치면 아이가 덮어버리는 상황에 이르렀어요. 두 돌 무렵부터 지금까지 거의 쉬지 않고 한글 교재로 수업을 해왔기 때문에, 교재와 교구 단어 카드 등은 점점 쌓여만 갔어요. 답답한 마음에 글자 카드를 둘째한테 보여주고 읽어 보게 했는데, 둘째는 시시하다며 카드 자체를 치우라고 합니다. 몇 년 동안 쉬지 않고 꾸준히 해온 한글 학습지인데, 둘째는 한글에 관심이 전혀 없었어요. 자칫하다가는 한글을 싫어할 수도 있겠다 하는 마음에 6세 때 수업을 중단했습니다. 그동안 해왔던 수업이 아깝긴 했지만, 아이가 싫어하니 저도 과감한 결단을 내리게 된 거죠.

어느 날 둘째 스스로 "엄마 한글 공부 하고 싶어"라고 했어요. 초등학생 오빠가 매일 숙제를 하는 저녁시간, 엄마가 오빠만 신경을 써서 무료했는지 아이 입에서 처음으로 나온 이 말에 너무 기뻤어요.

마침 아이가 좋아하는 만화 캐릭터 한글 놀이 스티커 북을 한참 전에 사 놓은 터였기에 읽고 싶은 단어를 아이에게 골라보라고 했어요. 그러더니, 아예 색연필을 가지고 와서 아주 진지하게 한글을 따라 쓰기 시작했습니다.

이제는 아이가 눈에 보이는 글자들에 관심이 생기는지, 어떤 글자냐고 물어보기도 하고, 자기가 알고 있는 글자가 나오면 엄마에게 자랑하기 바빴어요.

한글에 관한 워크북을 몇 개 구입해서, 아이랑 꾸준히 하다 보니 완성한 워크북이 하나씩 하나씩 늘어났어요. 6번째 생일이 지나고, 둘째는 이제 책에 나오는 문장을 읽으려 애쓰고 있네요. 혼자 책을 읽는 시간도 늘어났습니다.

셋째는 33개월 때 종이 벽돌에 그려진 그림과 글자를 보고 손가락으로 가리키며 읽는 흉내를 냈어요. "고등어"를 가리키며 "물고기"라고 하고, "여우"를 가리키며 "늑대"라고 말하는 그 모습이 어찌나 귀여운지요. 동물과 곤충 책을 좋아하는 셋째에게 《거미》 책 커버 글자를 가리키며 "거.미"라고 읽어주자, "아니야, 거.미.책." 하면서 손가락으로 세 번을 짚어요. 아마 형과 누나가 책을 읽고 글자를 읽거나 쓰는 모습이 셋째에게는 흥미로운 문자 환경이 되었나 봅니다.

6살에 혼자 읽기 독립을 한 첫째와, 한글을 너무 어린 시기에 학습지로 배워 글자에 흥미를 잃었던 둘째, 많이 신경을 못 써줘도 글자에 관심을 보이는 셋째를 통해 아이들에게는 저마다의 고유한 속도가 있음을 깨달았어요.

클레이에 의해 처음 사용된 발생적 문식성(emergent literacy)이라는 말은 교사가 형식적으로 지도하는 것과는 다른 개념인데요. 아이가 이미 출생 후부터 어떤 형태로든 읽기나 쓰기에 대한 기술을 가지고 있다고 보는 관점입니다.

즉, 어릴 때부터 풍부한 언어 환경을 마련해주면 아이들이 문자와 상호작용할 수 있는 기회를 갖고 자연스럽게 읽기와 쓰기에 관심을 가지게 된다는 것이죠. 문자 교육 같은 경우는 주입식으로 학습지를 통해 문자 해독, 즉 스스로 읽을 수 있도록 요구하는 것이 오히려 문자에 대한 아이의 호기심을 없앨 수 있습니다.

그렇다고 아이가 읽을 준비가 될 때까지 부모가 무작정 기다리라는 뜻은 아니에요. 일상생활 속에서 글자를 경험하고 엄마와 아이가 충분히 대화하면서 글자를 읽고 싶어 하는 마음이 생기도록 흥미를 끌어 올리는 환경이 중요합니다.

소아정신과 신의진 교수님은 "엄마가 설정한 목표와 기준에 맞춰 아이들을 마구 다그치는 현재 한국의 조기교육 열풍은 아동 학대 수준"이라고 비판하시며, 뇌가 충분히 발달한 뒤 적기에 가르치면 스트레스를 받지 않고 쉽게 배울 수 있다고 하셨어요. 부모의 욕심 때문에 긴 시간 많은 것을 희생해 가며 학습에 찌들게 만든다고 지적하기도 했습니다.

같은 이유로 저도 신의진 교수님의 '느리게 키우기'에 적극적으로 찬성해요. 여기서의 '느림'을 '절대적인' 개념으로 간혹 오해하시는 분들이 있는데, 느리게 키우는 것은 '상대적인' 것으로서 아이들마다 뇌의 발달 속도가 다르다는 것을 인정하는 것입니다. 즉, 아이의 뇌가 받아들일 때까지 지켜보다가 아이가 하고 싶어 하는 것을 자연스럽게 찾고 아이가 준비가 되었다면 그때 시키면 된다는 것이죠.

아이가 영어를 좋아하고 언어 능력에 재능을 일찍 보인다면 영어를 일찍 시키는 것도 하나의 방법이겠죠. 아직 내 아이에게 어떤 잠재 능력이 있는지도 모르는 상태에서, 심지어는 언어발달이 느린 편이지만 다른 뛰어난 재능이 있는 아이를 단지 글로벌 사회에 성공하기 위한 전략으로 영어유치원에 보낸다면 그 아이는 불행할 수밖에 없습니다.

서울대학교 의과대학 소아정신과 김붕년 교수 역시 과도한 조기교육이 스트레스 호르몬의 과잉 분비를 일으키고 이것이 결국 우리 뇌의 감정 조절 중추와 기억력 중추에 손상을 가져온다고 했습니다. 뇌가 충분히 발달하지 않은 유아에게 인지적 학습만을 시키게 되면 나중에는 공부 자체에 대한 흥미를 잃어버리게 되어 초등학교 입학 후 학습을 거부하는 사태가 발생할 수도 있어요.

내 아이의 뇌 발달을 고려한다면, 뇌가 성장하는 7세까지는 아이의 마음을 이해해주고 공감해주는 진짜 부모가 되어야 합니다.

✼ 행복한 조기교육에 힘써야 하는 이유

세상 모든 부모가 자식이 똑똑하기를 바랍니다. 자녀가 똑똑하다는 것은 무엇을 의미하는 걸까요? 우리나라는 격변의 시대를 거쳐서인지, 자녀들에게 '일등'이 되기를 부지불식간에 기대하는 경향이 있습니다.

로널드 F. 퍼거슨과 타샤 로버트슨의 공동저서인 《하버드 부모들은 어떻게 키웠을까?》에서는 똑똑한 아이는 심리학적 정의로 "통속 개념"에 속한다고 말합니다. 통속 개념이란 해당 분야의 연구가들은 동의하지 못하지만 대다수 사람들이 기본적으로 '어떠한' 의미로 여기는 개념입니다.

때로는 모호하기도 한 이 '똑똑함'은 대개 높은 학업 성과를 뜻하지요. 이 '결과 위주'의 평가로 아이들을 키우거나 아이의 머리가 얼마나 명석한지에 초점을 맞추게 되면, 아이는 자신의 재능에 대한 타인의 반응에 자꾸 기대게 된다고 합니다. 그러다 보면, 어른들에게 얼마나 자신이 대단한지 그 기량을 과시하게 되고 자신이 감당할 수 있는 과업에만 매달릴 뿐, 더 어렵고 때로는 실패할 수 있는 도전적인 일은 시도조차 하지 않게 됩니다.

우리는 '영재=천재'라는 인식을 합니다. 천재적인 능력이 있다는 그 '기대감'에 아이가 당면하게 되는 실수에 대한 두려움, 실패의 가능성을 무시하면 정말 영재였던 아이가 20대에는 그 비범함을 잃게 될 수도 있어요.

에일린 케네디 무어와 마크 S. 뢰벤탈 공동저서인 《영리한 아이가 위험하다》에서는 잠재력을 얘기할 때 흔히 '가능성'이 아니라 '기대'로 빠지기 쉽다고 했습니다. 일등부터 꼴찌가 존재하는 시스템에서는 아이도 어른도 성장보다는 성과에 연연하게 되고, 정진하는 것보다 최고가 되는 것에 집착할 수밖에 없어요.

부모는 아이가 더 많이, 더 높이 성취하기를 기대하고 부추깁니다. 그래서 내 아이를 가장 잘 아는 부모의 역할이 중요해요. 모두 다 그렇다는 뜻은 아니지만, 저는 국민성이 그 나라의 교육열과 관련이 있다고 생각합니다.

대부분이 '일등'을 강조하는 분위기 속에서 우리 아이들은 더 높은 성취도, 더 나은 결과를 보여주어야 한다는 압박감에 시달리고 있어요.

서울 신경정신과 서천석 원장님은 행복에 대한 연구들이 한결같이 개인의 행복과 지적능력이 관련 없음을 보여준다고 하셨어요. 하버드 대학교 심리학과 교수인 제롬 케이건은 "나는 자기 분야에서 최고에 오르고, 심지어 노벨상을 받고도 행복하지 않을 게 분명한 사람들을 알고 있습니다"고 말했습니다.

많은 매체에서 더 일찍, 더 빨리, 더 많이 시켜야 한다고 종용합니다. 조기교육이 중요하지 않다는 말을 하려는 것이 아니에요. 오히려, 0~7세 이 시기에 적절한 자극을 주는 것은 그 무엇보다 중요합니다.

노벨 경제학상(2000) 수상자인 제임스 헤크먼(James Heckman)은 유아교육이 가장 수익률이 높은 투자라고 하였어요. 미국에서 진행된 페리스쿨 프로젝트는 만 3~4세 유아들이 받는 교육의 효과를 장기간 추적한 프로젝트였습니다. 결과는 놀라웠어요.

페리스쿨 졸업생들의 생애 전체 학업기간에 긍정적인 영향을 끼쳤기 때문이죠. 유아교육을 받음으로써 더 크게는 사회·경제적 효과를 낳게 된 것입니다.

해크먼 교수는 이 프리스쿨 프로젝트의 수익률을 7~10%로 계산했고, 2000년대에 제임스 헤크먼 교수는 유명한 헤크먼 방정식을 만들었지요. 이 방정식은 태어나자마자 교육에 투자하는 것이 가장 수익률이 높다고 해석될 수 있겠지만, 교육은 경제적인 측면에서만 봐서는 안 된다는 연구 결과도 있어요.

알렉스 비어드 저자의 《앞서가는 아이들은 어떻게 배우는가》에는 공식적인 읽기와 쓰기 수업을 5세에 시작한 아이들과 7세에 시작한 아이들을 비교한 케임브리지 대학의 연구 결과가 나옵니다. 이 아이들이 11세가 되었을 때 그 2년의 학습차가 읽기 능력에 전혀 영향을 끼치지 못했습니다. 오히려 5세에 시작한 아이들이 7세에 시작한 아이들보다 독서에 덜 긍정적인 태도를 보였고, 지문 이해 능력도 떨어졌어요.

교육과학자인 캐시 허시-파섹은 이렇게 말합니다.

"인간은 환경을 만들어가는 존재지만 다른 한편으로는 만들어지는 존재이기도 합니다. 우리는 다른 사람들, 그리고 문화와 상호작용할 준비가 된 채로 세상에 태어납니다."

낱말카드나 읽기 쓰기를 어릴 때 익히는 것이 중요한 것이 아니라 배움과 성장의 기쁨을 느끼는 '순간'들에 조기교육의 진정한 의미가 있습니다.

아이들에게 배움이 정말 효과를 내려면 아이들의 감정을 인정해주고 애착을 느낄 수 있는 환경을 만들어주는 것이 우선시 되어야 합니다.

제가 20대 중반 영어 파견 강사로 한 어린이집에 영어 수업을 나갔을 때 있었던 일이에요. 6세 반이었는데, 제 영어 수업 전후로 아이들이 한글 학습지를 개별적으로 풀곤 했어요. 그중 한글을 익히는 것이 조금 느린 여자아이가 있었어요. 글자 쓰는 것을 자꾸 틀렸는지 선생님이 다른 친구들이 보는 앞에서 아이의 머리를 주먹으로 때리면서 혼내는 것을 반복해서 목격하게 되었습니다.

저는 그 광경을 차마 지나칠 수 없어서, 고민하다가 원장 선생님께 조심스럽게 알려드렸어요. 어린이집 선생님은 여러 일정에 치여 아이 한 명을 기다려줄 여유가 없었을지도 모릅니다. 하지만 그 어린아이가 받았던 수치심은 어디서 보상을 받아야 할까요?

〈타임〉지에서 '아기들을 위한 마약'이라고 불렸던 〈베이비 아인슈타인〉 DVD 시리즈는 유아의 어휘 발달을 목적으로 제작되었어요. 이 〈베이비 아인슈타인〉이 유아의 언어 발달에 어떤 영향을 끼치는가에 대한 연구 결과는, "DVD"를 본 아기들과 보지 않은 아이들 간에 단어 이해에는 큰 차이가 없다였습니다. 핵심은 '얼마나 많이 들었나?'가 아닌 아이와 관계된 사람과의 '접촉'이었어요.

유명한 교육학자인 레오 부스카글리아(Leo Buscaglia)는 "사랑은 절대 지시하지 않는다. 누군가에게 당신의 길을 따라오도록 요구한다면 그에게는 옳지 않은 당신의 길을 강요하는 것이다. 그는 자유롭게 자신의 길을 가야만 한다"고 했습니다.

우리는 아이의 욕구에 주의를 기울여야만 해요. 지나친 교육열에 시달리며 자라는 아이들은 성장하면서 마음에 심한 병이 들 확률이 높아요. 강요가 아닌 함께 성장하는 마음으로, 아이의 눈높이로 세상을 탐험하는 부모야말로 최초의 조기교육 스승입니다.

2
과열된 대한민국 영유아 영어 사교육

� 사교육의 노예로 살지 말자

유교전[12]에 다녀온 이야기를 주변에서 심심찮게 들어요.

"이래서 할부계약의 노예로 몇 년째 살고 있다", "효과가 눈에 보이니 안 지를 수 없다" 등등.

"미국 직수입 어린이 유아동 영어원서 ○○% 할인" 이런 문구는 우리의 지갑을 무장해제시키죠. 제 지인인 한 출판사의 국장님은 직접 유교전에서 부스를 여시고 많은 엄마들을 만나본 분이세요. 최근 이런 말씀을 하셨어요.

"분당엄마들은 D라는 브랜드 풀셋 500만 원을 그 자리에서 카드 결제를 하고 간다."

저도 첫째를 낳았을 때는 너무도 불안했고, 아이가 똑똑해질 수 있다면, 그 어떤 비싼 교재와 교구도 사야겠다는 조급함이 있었습니다. 사실

---

12) '유아교육전'의 줄임말

저는 주머니 사정이 좋지 않았을 때도 다른 것은 못 사더라도, 더 많은 책과 교구를 사들이면서 제가 대견하다는 착각 속에 살았습니다.

잘 알려진 브랜드의 전집 시리즈를 하나, 하나 사들이기 시작했는데, 아이가 돌이 되기도 전에 책값을 계산해 보니 천만 원이 넘더군요. 제가 열심히 일한 목적이 첫째의 책값을 갚기 위한 것은 분명 아닌데 그땐 그렇게 뿌듯했었어요.

첫째가 어릴 때에는 제가 벌어서 쓰는 돈의 많은 부분이 아이 전집, 아이 브랜드 옷, 신발, 장난감, 교구에 들어가고 있었어요. 당시에는 아이한테 최대한 많은 것을 가르치고, 좋은 것들을 많이 선물하고, 다른 아이에게 뒤처지게 하고 싶지 않았어요. 주변 엄마들에게 우리 아이를 최대한 똑똑하고 멋진 아이로 보여주고자 하는 생각이 강했거든요.

'이건 꼭 사야 돼', '지금 이거 안 사면 우리 아이 발달이 늦어질지 몰라', '이렇게 비싼 교구로 놀아주면 우리 아이가 더 똑똑해질 수 있겠지?' 하는 욕심이 커갈수록 카드 결제일이 점점 부담되기 시작했습니다. 아이가 어렸을 때는 지금보다 훨씬 더 저축할 여건이 좋았음에도 불구하고 많은 비용을 아이에게 썼던 저는 그야말로 '에듀 푸어'였습니다.

아이가 셋이 된 지금은, 오히려 외동이를 키울 때보다 교육비는 훨씬 더 적게 쓰고 있어요. 전집 풀셋을 사야 할 경우는 중고로 구매하거나, 중고로도 가격이 비싼 경우는 구입을 하지 않았습니다. 상대적으로 저렴한 학습지 비용도, 매달 들어가는 몇만 원으로 생각하기보다, 1년, 2년 이렇게 비용을 계산해 보니, 다른 기회비용들이 보이기 시작했어요.

SNS는 제가 엄마들과 소통하기 위해서 하고는 있지만, '공구'로 영유아 물품 등을 산 적이 없어요. 가끔 좋은 정보도 있지요. 국내에서 개인이 구하기 쉽지 않은 영어 콘텐츠는 저도 눈여겨보고 있어요.

온라인상에서 저랑 같은 생각을 가진 분들도 많이 볼 수 있었어요. 예를 들어 재활용품을 모아두고 그것을 활용해서 아이랑 정말 재미있게 놀기, 비싼 교구를 사기보다 일상에서 주방용품을 다른 용도로 아이와 써 보기 등.

'인지 계발'이라는 명확한 상관관계도 없는 비싼 교구로 학부모들을 현혹시키는 기업들을 국가적으로 검증하고 제한하는 정책이 실행되었으면 합니다. 유아교육 박람회를 찾는 수만 명의 엄마들이 더 이상 시장의 논리에 희생당하지 않기를 바라요.

영유아 사교육 시장의 절대지존 영어! 영어 계급 사회의 레이스 초반부터 무너지기 싫어, 할부의 힘으로 무리를 합니다. 내 아이만큼은 뒤처지게 하고 싶지 않으니까요.

아이가 어릴수록 영어를 많이 시켜야 한다는 사교육의 불안마케팅에 휘둘리기 쉽습니다. 오히려 많은 전문가들이 유아기의 과도한 학습이 가져오는 부작용을 언급하고 있어요.

"우리 아이 영어 성장판 아직도 열어주지 않으셨나요?"
"5살부터 7살, 영어습득의 최적기를 놓치지 마세요."
"ㅇㅇ와 신나게 놀다 보면 영어가 술술!"
"100% 영어로 진행되는 놀이를 통해 책에서 본 내용을 스스로 표현하게 됩니다."

"전문 선생님 없이 영어 하지 마세요! 영어 전문 선생님과 함께 영어 하세요!"

저는 사교육 업체의 이런 자극적인 문구들이 평범한 엄마들을 불안하게 만드는 주요 원인이라고 생각해요. 영어 사교육은 대상 연령이 어릴수록 더욱 공격적인 마케팅을 펼칩니다.

우리나라 사교육의 대부분이 "어릴 때 시작할수록 학습효과가 높아지고 비용 부담도 적어진다"는 취지로 조기교육을 부추기고 있습니다. 아동의 발달 원리만 살펴보더라도, 상호작용—상호연관성—순차성—연속성과 불연속성—개별성(개인차)—누적성—결정적 시기—맥락성(사회·문화적 영향) 등 발달은 아이의 전 생애 동안 이뤄지는 양적, 질적인 변화를 모두 포함하기 때문에 그 범위가 광대합니다.

"결정적 시기"라는 말을 마치 한 번 지나면 돌아오지 못하는 것처럼 여겨 더 어린 시기에 영어 환경에 몰아넣으려는 것 같아요. 이병민 교수는 결정적 시기(Critical Period)보다는 영유아가 언어의 소리를 구분해내는 본능적으로 민감한 시기(Sensitive Period)에 있다는 표현을 하셨어요.

"아이에게 최대한의 영어 자극을 주세요!" = "우리 회사의 교재와 영상물과 교구를 어서 구입하세요!" = "우리 아이를 위해 특수 제작한 것이라 상당히 비싸요."

이런 상술로 에듀 푸어를 양산하는 자본주의 시스템에 힘들게 번 돈을 쓰지 마세요. 결정적 시기가 만 3~5세라는 것은 사교육의 프레임일 뿐입니다.

   과학 저널리스트 신성욱 작가는 본래 조기교육은 미국에서 소득·계층별로 학력 격차가 너무 벌어지다 보니 최소한 글은 떼고 초등학교에 입학하게끔 했던 것이라고 합니다. 학자들은 미국의 상황에 맞는 조기교육이 한국에 오면 '울트라 얼리 러닝' 내지 '하이퍼 얼리 러닝' 양상으로 바뀐다고 지적하였습니다.

   우리 부모들은 더욱 적극적으로 허위, 과대광고를 구분하는 능력을 길러야 합니다.

✬ 영유아 영어 사교육 현황과 문제점들

   2018년 서울의 유아영어학원 학원비는 월평균 103만 7,020원이었습니다. 사교육걱정없는세상의 '서울시 유아대상 영어학원 및 전국 사립초 학부모부담금 현황'에 따르면 유아 대상 영어학원의 학비가 연평균 1,244만 원으로 4년제 대학 연간 등록금 667만 원의 각각 1.9배, 4배에 달하는 수치입니다.

   영어유치원이 밀집한 강남·서초·강동·송파구의 평균 교습비는 2018년 기준으로 102만 3,000원이고 이를 연간비용으로 환산하면 4년제 대학 등록금의 2배 정도 됩니다. 6~7세 종일반 수강료는 월 200만 원을 넘는 곳도 있습니다.

   조기교육의 효과는 검증된 바 없다는 것이 유아교육 전문가들의 공통된 견해입니다. 2007년 OECD의 '뇌에 관한 여덟 가지 신화' 보고서에 따르면 '3세 무렵에 뇌의 중요한 거의 모든 것이 결정된다'는 가설들을 잘못된 신화라고 지적했습니다. 그렇다면, 우리는 어떻게 아이들에게 다개국어 환경을 열어주어야 할까요?

영유아 시기는 과도한 몰입교육 대신에 영어의 '소리'에 노출될 수 있는 영어 노래, 빠르지 않은 영어 영상물, 영어 그림책 읽어주기, 유튜브 활용하기 정도면 충분합니다. 게다가 와이파이만 되면 볼 수 있는 무료 유튜브 영어콘텐츠가 얼마나 많은가요? 우리가 굳이 발레, 축구, 태권도까지 영어로 배울 필요가 있을지 의문입니다.

2013년부터 2017년까지 육아정책연구소가 발표한 '영유아교육·보육 비용 추정연구'에서 2017년 영유아 1인당 월평균 사교육비는 11만 6,000원, 연간 총액은 3조 7,000억 원이라고 합니다. 자본주의 시장의 논리에 희생양이 되는 우리 아이들과 학부모들을 생각하니 참으로 화가 났습니다.

어릴 때부터 사교육을 시작하는 것은 문제의 시작일 뿐이었습니다. 사교육 시장의 절정이자 그 끝인 대입을 직전에 둔 고등학생과 그 학부모들에게는 더욱 심각한 상황입니다. 시도 때도 없이 거의 매년 달라지는 대입 정책, 역대급 '불수능', 너무 복잡해서 선생님도 모르는 대학교별 수시 입학 전형, 고액 컨설팅비를 드라마가 아닌 현실에서 쥐어 짜내야 하는 학생부 종합전형….

고1~고3 내내 교과 성적도 우수해야 하고 스펙도 두루두루 쌓아야만 유리한 금수저 전형, 깜깜이 전형….

입시 지옥에서 제일 멀리 있어서 심리적으로 덜 불안한 영유아 학부모들은 사교육을 어떻게 바라보고 있을까요?

> **7명 중 1명 2세 미만 때 사교육 시작…'고달픈' 한국 영유아**
> [헤럴드 경제, 2018.05.01.]
>
> **"초1 교육비, 고3만큼 든다니"…부부는 아이 안 낳기로 했다**
> [매일경제, 2019.03.04.]
>
> **"영유아교육 생태계 엉망 되는데, 사립 유치원이 큰 몫"**
> [베이비뉴스, 2018.10.24.]
>
> **"아이 안 낳아?" 저출산은 결국 기-승-전-'돈' 문제**
> (부제: '육아템' 비용 줄이지 않으면 저출산 문제 해결 안 돼)
> [머니투데이, 2019.03.12.]

영유아 사교육 시장의 확대로 인한 문제점들은 무엇일까요? 참 많은 폐해들이 있지만 저는 아이들의 입장에서 두 가지를 들고 싶습니다.

첫 번째로, 아이들의 부족한 수면 문제입니다.

육아정책연구소의 '영유아 사교육 실태와 개선 방안' 보고서에 따르면 한국의 2~5세 아동의 수면시간은 9시간 53분(일본 10시간 6분, 핀란드 10시간 26분, 미국 10시간 9분)이며, 58.3%가 오후 10시 이후에 잠을 자는 것(일본 1.6%, 핀란드 5.2%, 미국 9.0%)으로 조사되었습니다.

우리나라 아이들이 처음 사교육을 시작하는 나이는 만 4세가 되기도 전인 평균 39.2개월이라고 합니다. 외국에 비해 학습, TV, 인터넷 노출 시간이 많기 때문에 한국 아동은 일본, 미국, 핀란드, 대만 아동에 비해 가장 늦게 자고 늦게 기상하는 것으로 나타났습니다.

포 브론슨과 애쉴리 메리먼의 공동저서인 《양육 쇼크》에서는 아이들의 수면이 부족하면 혈류에서 포도당을 추출하는 신체 기능이 약화된다고 말하고 있습니다. 기본적인 에너지원의 부족은 두뇌의 실행기능을 책임지는 전전두엽(前前頭葉)을 힘들게 하는데, 이는 공부와 같이 추상적인 목표보다 즉흥적인 기분전환거리에 휩쓸리게 한다는 것입니다. 실제로 요즘 아이들은 부족한 수면시간으로 인해, 더욱 충동 조절을 하기 어려운 상황에 놓여 있습니다.

두 번째 문제로는 과도한 사교육으로 인해서 우리 아이들이 놀 시간이 점점 줄고 있다는 점인데요. 유아의 놀이는 전인적인 성장을 이끌며 결국 이 전인적 발달을 토대로 유아는 학습능력의 기초를 다지게 됩니다. 하지만 어른들은 놀이를 학습과는 별개로 생각하는 경향이 있습니다. "아동은 휴식과 여가를 즐기고, 자신의 나이에 맞는 놀이와 오락활동에 자유롭게 참여할 권리가 있다." 1989년 유엔에서 만장일치로 채택된 아동권리 협약 중 31조 '놀 권리'는 한국에서는 그저 요원한 일이라는 것이 참으로 안타깝습니다.

✤ 생득주의 이론은 왜곡되어 있다

영어유치원 입학 설명회에서 아주 흔하게 등장하는 촘스키의 언어습득기제는 '언어 습득장치'라는 이름으로 잘 알려져 있는데요.

촘스키는 생득주의 언어학자인데, 생물학적 언어기제인 LAD를 가지고 태어나는 유아들은 언어 규칙이 매우 추상적이고 복잡함에도 불구하고 짧은 시간 안에 모국어의 문법적인 이해를 성인과 같이 습득한다고 하였어요.

촘스키는 미국에서 단순 자극과 반응, 즉 강화 메커니즘이 주였던 '행동주의 언어학'을 비판하며 인간의 언어에는 DNA에 존재하는 생물학적 기제가 존재하므로 인간은 자기 주변의 언어 경험을 통해 보편문법(Universal Grammar)에서 개별 문법을 도출한다는 주장으로 미국 언어학계에서 '언어학 혁신의 아버지'로 불리고 있습니다.

언어습득 = 보편문법에서 개별문법에 이르는 과정
"모든 인간은 보편문법인 언어습득기구를 가지고 태어난다."
보편문법을 가지고 태어난 상태 = 최소상태
↓
"실제 언어경험을 통해서"
한국에서 태어난 아이는 한국어 경험에 따라 (목적어+동사)
미국에서 태어난 아이는 영어 경험에 따라 (동사+목적어)
↓
주위의 언어 환경에서 언어 경험을 쌓아 12세경
모국어를 습득한 상태 = 안정상태

참고: 촘스키의 언어발달이론(보편문법이론),
민정선, 《민쌤의 누리과정 Ⅰ》-'chapter 03 의사소통 영역', 에듀에프엠, 2018

촘스키는 12세경에 개별문법이 확장된 뒤에는 더 이상 언어습득은 일어나지 않고 새로운 단어들만 더 배워나간다고 했는데요. 촘스키 이론에 따르면, 모든 유아들은 환경과는 관련 없이 보편적인 모국어 습득의 과정을 겪으며, 형식적인 가르침이 없이도 쉽게 모국어를 습득해 나갑니다.

선천성 가설(Innateness Hypothesis)을 주장한 레너버그 역시 언어 입력을 들을 수 없는 청각장애 아동들의 언어 발달 순서가 일반 아동과 동일하다(다만 발달이 지연되고, 독특한 발음을 내기는 하지만)는 것은 인간의 언어 능력이 생물학적으로 결정되어 있다는 선천성 가설을 내세웠습니다.

레너버그는 결정적 시기, 인간의 뇌 발달 과정에서 측면화 현상이 이루어지는데 이 시기가 지나면(12세경) 언어 습득이 자연스럽게 이루어지기 어려워진다고 주장했습니다.

촘스키의 이론은 1950~1960년대의 가설이고 언어습득장치(LAD)는 물리적으로 관찰할 수 없어 객관적인 검증이 어렵습니다.

촘스키 이론은 언어습득을 영유아의 몫으로 여기고 환경이나 사회적 요소, 언어의 맥락, 지능 및 심리요인 등을 무시하고 있다는 비판을 받고 있어요. 문제는 현재 대한민국의 조기영어교육 시장에서 촘스키의 언어습득장치와 레너버그의 결정적 시기가 너무도 왜곡되었다는 점입니다.

0~7세까지의 유아기에 영어를 배우지 않으면 우리 아이가 영어를 잘하지 못한다는 협박성 광고가 넘쳐나고 있는데요. 촘스키는 한국 언론

의 한 인터뷰에서 동기와 환경을 잘 만들어주면 한국 학생들이 영어를 배우는 적당한 시기가 9~10세라고 했고, 레너버그도 나이가 40이 되어도 외국어로 의사소통을 배우는 것은 충분히 가능하다고 했습니다.

우리가 처음 영어를 배웠던 14세의 나이는 생득주의 이론에서 보면 영어를 습득하기에는 너무 늦은 나이입니다. 하지만 부모 세대 중 많은 사람들이 생활에서나 직업에서 충분히 영어로 소통하고 있습니다.

영어를 일찍 시작하고 되도록 학습보다는 습득으로 배우는 것이 이상적이기는 하지만, 절대적인 것은 아니란 사실을 꼭 유념하세요.

3
EFL과 ESL의 균형 잡기

✨ 영어마을은 완전히 실패했다

우리나라가 EFL 환경이라는 것은 수도 없이 들어 보셨을 거예요. 여전히 우리는 일상생활에서 영어를 거의 쓰지 않는 국가입니다.

"해외에 나가지 않고도 영어권 언어와 문화를 체험할 수 있는 영어 공교육의 혁명이다."

2004년 국내 1호 영어마을인 안산 영어 마을을 세우면서 손학규 당시 경기지사가 한 말입니다.

안산 영어마을은 개원 첫해 118억 원 손실을 기록한 뒤 2012년 문을 닫을 수밖에 없었으며 전국 영어마을 28개 중 약 40%인 11개가 문을 닫았거나 다른 기관으로 용도를 바꾸었다고 합니다.

지자체의 영어마을 설립비만 다 합쳐도 약 1조 원으로 추정된다고 하더군요. 가히 영어 공교육이 혁명이라며 야심차게 준비했던 이 거대한 영어마을 사업은 어째서 우리나라 공교육과 사교육 양쪽 모두에 영향을 주지 못했을까요? 전문가들은 영어 마을의 장기적인 교육 철학의 부재와 원어민 교사의 부실한 자질을 관리를 원인으로 보았습니다.

저 또한 전문가들의 견해에 공감할 수밖에 없었어요. 우리나라는 어떤 임의적인 공간(영어마을)에서 영어를 익혔음에도 그것을 유지하거나 활용할 수 있는 계기가 거의 없다는 것이 현재 가장 큰 걸림돌입니다.

용도를 변경하는 영어마을 중 송파 풍납캠프와 강북 수유캠프는 이용객을 늘리기 위해서 영어교육뿐 아니라 직업탐구 · 코딩교육 · 소프트웨어학습 등 프로그램을 다양화하였고, 전남 강진외국어타운은 '강진귀농사관학교'로, 군포국제교육센터는 '군포책마을'로 그 변화의 정도가 지자체마다 달랐습니다.

헤럴드 경제 기사에 따르면 관악 영어마을의 경우 초등학교 3~6학년 생은 오전 9시부터 오후 2시까지 학사 일정에 포함돼 연간 2~5회가량 영어마을에서 체험학습을 하고 있다고 하는데요. 1회당 2만~2만 5,000원 가량으로 비용 대비 효율이 매우 높고 사회배려계층, 저소득층의 참여도 2015년 2,007명에 이어 2016년 2,674명, 2017년 3,401명으로 꾸준히 참가 인원이 늘고 있다고 합니다.

특히, 관악 영어마을은 서울 서남부 지역의 저소득층 아이들에게 영어 체험의 장이 되어 있었습니다. 또 성인들을 대상으로 운영 중인 '관악 영어 사랑방'은 관악 지역주민들에게 저렴한 비용으로 고른 교육기회를 제공하고 있었는데요. 그러나 관악 영어마을도 담당 지자체 입장에서는 적자가 크다는 이유로 관악구청장의 핵심 공약인 '낙성벤처밸리'로 용도 전환을 시도하는 과정에서 학부모와 마찰을 빚고 있다고 하네요.

교육 양극화를 우려한 관악 영어마을 학부모 대표 박복남 씨의 의견에서 영어 전문가로서, 또 학부모로서 안타까움을 느꼈습니다.

"부자들은 영어마을이 없어져도 별다른 타격이 없겠지만, 경제적으로 어려운 아이들은 영어를 체험할 기회 자체를 잃어버리게 됩니다. 결국 부모들의 역량에 의해서 아이들이 차별받는 세상이 되겠죠."

이병민 교수는 《당신의 영어는 왜 실패하는가?》에서 아이들이 언어 습득을 위해서는 자연스러운 공간과 상황이 반드시 필요한데, 그것은 인위적인 학습의 공간이 아닌, 실제 하루의 대부분을 차지하는 일상 속의 꾸미지 않은 공간이어야 한다고 했습니다.

결국에는 언어에 대한 꾸준한 노출과, 그 언어를 써먹는 일상이 우리 아이들에게 필요합니다. 이렇게 국가나 지자체에서 막대한 비용을 들인다 해도 우리의 삶에서 숨을 쉬듯 영어를 쓰지 않으면, 아무 소용이 없는 것이죠. 학구열이 세계 최고로 높은 대한민국에서 영어가 늘 해결되지 않는 것 같아 참 안타깝습니다.

✷ 핀란드의 성공적인 영어교육

우리나라 영어교육을 거론할 때 자주 등장하는 '핀란드 국민과 우리나라 국민의 영어구사능력 비교', 아마 언론매체 등을 통해서 많이 들어보셨을 거예요. 핀란드는 어째서 국민 영어구사능력이 77%가 넘는 영어교육 선진국이 되었을까요?

언론에서는 핀란드와 한국어가 같은 우랄알타이어에 속하기 때문에 우리도 핀란드식으로 영어교육을 실행해야 한다는 의견이 많은 것에 저는 늘 의문이었어요.

핀란드어는 지리적으로도 유럽에 속해 있고 동아시아의 한국과는 상당한 거리차가 있습니다. 우리나라 언어와 계통이 같다고 해도, 언어적인 차이는 나라마다 분명히 존재하거든요.

그렇다면, 핀란드를 비롯한 북유럽 국가들이 전 세계적으로 영어를 잘하게 된 이유는 정말 무엇일까요? 교육의 단순비교 이전에, 나라의 특성을 살펴볼 필요가 있습니다.

핀란드라는 나라는 대한민국 인구의 10분의 1 정도에 해당하는 소국에 속하며, 다민족, 다언어 사회이자, 국가 내외에서 영어를 통한 국제교류가 활발합니다.

핀란드의 영어교육은 우리나라와 어떻게 다를까요?

첫째, 핀란드는 영어만을 강조하는 것이 아니라 모국어인 핀란드어 교육을 어릴 적부터 강조한다는 점인데요. 앞서 강조했던 모국어의 강화가 외국어에 긍정적인 영향을 끼친다는 것과 관련이 있어요. 핀란드에서는 부모가 책 읽기 습관을 어릴 때부터 아이에게 심어주며(공공도서관 이용률 세계 최고 수준) 핀란드 자국의 문화를 존중하고 핀란드인이라는 자부심을 전제로 모국어 책은 물론 영어책을 통해서 영어를 세계화의 도구로 활용하도록 노력하고 있었습니다.

둘째, 잘 알려진 대로 핀란드 공영 방송에서 영어권 방송 콘텐츠의 80% 정도가 더빙이나 자막이 없이 방영된다는 점입니다. 학교에 입학

하기 전부터 아이들은 영어교육을 위한 세팅된 학습 자료가 아닌, 영어로 방영되는(우리나라로 치면 KBS, MBC, SBS 공영방송도 미국, 영국의 프로그램을 그대로 수입해서 자막으로 방영하는 셈) 수 가지의 채널을 통해, 다양한 상황들을 영어로 보고 들으면서 영어의 인풋을 양적, 질적으로 충분히 흡수하기 때문에 공교육을 통해서 시너지 효과를 극적으로 내고 있습니다.

특별한 사교육이 없는 핀란드에서도 교사들이 아이들에게 영어방송 시청을 적극 장려하고 있음을 알 수 있었어요. 저학년부터 말하기와 연습 위주의 의사소통을 원칙으로 하지만 초등학교에서도 철저히 읽기와 쓰기, 즉 문법이 가미된 수업을 진행하고 있었습니다.

셋째, 신뢰를 바탕으로 쌓아올린 핀란드 교육 시스템과 석사 교육 이상의 우수한 교사진들 그리고 대입 영어 시험입니다. 핀란드의 교육개혁에서 가장 눈부신 변화는 바로 교사의 역량 강화인데요. 핀란드의 교육자들은 혹독한 과정을 견디고 긴 시간의 실습 후에 비로소 교사가 된다고 합니다.

핀란드 영어 수업은 고등학교 때까지 우리나라와 수업 시수도 거의 비슷한데, 우리는 입시 위주의 객관식 독해에 중점을 둔 반면 핀란드는 고학년일수록 영어로 깊은 토론이 가능할 뿐만 아니라, 대입시험에서 영어로 자신의 생각의 에세이 형식으로 쓰는 것도 포함되어 있습니다.

우리나라에서도 우수한 교사들이 많은데도 시간이 지날수록 핀란드와 차이가 나는 것은 비단 교육과정의 문제가 아닌, 국가 차원의 더 큰 원인들이 존재하기 때문입니다. 더군다나 영어 절대평가가 시행되고 있는 수능 위주의 대한민국 영어교육 정책은 우리나라 영어교육의 질을 점점 더 하향화시키고 있다는 점에서 안타까운 마음이 듭니다.

✰ 영어는 미래의 초중심어

4차 산업혁명 시대. 언어적인 측면만을 생각해 볼 때, 'AI 번역기의 발전으로 우리 아이들이 영어 공부를 안 해도 되지 않을까?' 하는 의문을 가지는 부모님들이 계시더라구요.

세계 인터넷 사용 순위 1위
AI가 인간과 소통하는 언어

변화의 혁신을 가져온 세계적인 기업, 아마존과 구글은 영어를 기반으로 하는 자연 언어처리 기술 개발에 심혈을 기울이고 있으며, 영어를 기반으로 한 AI는 일차적으로 영어를 인식합니다. 때문에 미래의 산업 현장에서도 당연히 영어 능통자는 우위에 있을 수밖에 없습니다.

우리가 AI 번역기를 사용자로 쓸 때는 영어 실력이 부족해도 한영 또는 영한의 전환이 즉각적으로 이루어지기 때문에(앞으로 번역의 질이 점점 더 완벽한 단계까지 올라가는 것은 분명한 사실이니까요) 별다른 불편함을 못 느낄 수도 있어요. 하지만, 기업의 입장에서는 AI에 영어로 '치밀하게' 명령을 내리고 그것을 기반으로 다양한 언어로 소비자들에게 접근할 수 있도록 하는 '영어'를 다스릴 줄 아는 인재를 필요로 하게 되는 것이죠.

우리는 자녀들을 그저 구글 번역기를 사용하는 수준에 머무르게 해서는 안 되며, AI 기술을 활용하는 데 필수적인 언어인 '영어'에 어려움이 없는 실력자로 키워야 합니다. 그렇다면, 미래의 초중심 언어인 영어를 대한민국 아이들이 효과적으로 배울 수 있는 방법은 무엇일까요?

무엇보다 EFL과 ESL 환경 이 두 가지 사이에서 균형을 잡는 것이 중요합니다. 우리는 한국어 사용이 압도적인데, 아이들을 영어 학원에 장기간 보내면 영어를 잘 할 수 있다는 생각, 부모는 부끄러워 남 앞에서는 영어를 한마디도 못 내뱉으면서, 아이에게는 자꾸만 영어를 말하라고 강요하며 아이 영어교육에 쓴 돈의 손익을 계산하기도 합니다.

English as a Foreign Language
영어를 실생활에서 거의 사용하지 않은 채 단지 외국어로 영어를 배우며 사용하는 환경
[우리나라, 일본, 중국]

ESL (English as a Second Language)
영어를 공용어 수준의 제2 언어로 배우며 사용하는 환경
[싱가포르, 홍콩, 말레이시아]

ESC (English-Speaking Country)
영어를 모국어로 사용하는 나라
[미국, 영국, 캐나다, 오스트레일리아, 뉴질랜드]

《영어 낭독 훈련에 답이 있다》라는 책에는 '왜 대한민국의 영어 학습자들이 영어 스피킹에 그토록 취약한가?'라는 질문을 던집니다.

ESL 환경의 스피킹 교육은 일상생활에서 영어를 듣고 말할 기회가 많기 때문에 기본기를 강조하기보다는 '내용'에 비중을 두는 편이지만, EFL 환경에서는 학습자가 일상생활에서 영어를 말할 기회가 거의 없으므로 멋진 내용으로 말하려 하기보다는 억지로라도 입을 열어 스피킹의 '기본기'를 갈고 닦는 것이 더 중요하다고 합니다.

대한민국의 공교육 시스템하에서 영어를 배우는 대다수의 학습자들에게는 교실 밖에서 영어를 익숙하게 습득할 수 있는 기회가 전무합니다.

현명한 부모라면, 우리 아이가 일상생활에서도 영어를 듣고 간단한 문장이라도 내뱉어서 영어의 기본기를 다지는 데 주력해야 합니다. 영어책을 읽든, 영어 말하기와 쓰기를 배우든 대한민국의 아이들은 많이 듣는 것을 전제로 하되, 계속해서 영어를 입 밖으로 말하는 연습을 해야만 합니다.

언어학자 데이비드 그래덜은 영국 에든버러에서 열린 국제교육학 세미나에서 "영어는 정보통신과 비즈니스 분야에서 계속 지배적인 언어가 될 것이다. 세계 각국은 경쟁에서 이기기 위해 점점 어려서부터 영어를 가르치고, 세계의 대학들은 영어로 수업을 진행하게 될 것이다. 결과적으로 많은 인구가 두 가지 이상의 언어를 사용할 줄 아는 다언어 사회가 될 것"이라고 전망했으며 "영어와 함께 중국어, 아랍어, 스페인어가 세계어로 번창할 것이며, 프랑스어 같은 다른 언어들은 점차 쇠퇴할 것이다"라는 주장을 펼쳤습니다.

우리 아이들이 아직도 시험공부용으로만 영어를 배운다면, 전 세계가 하나로 연결되는 미래시대 우물 안 개구리로 살아갈 수밖에 없습니다. 2010년 서울에서 개최된 G20 Summit 오바마 대통령의 폐막 기자회견 일화입니다.

"I feel blessed to take maybe one question from a Korean press."
: "한국 기자들에게 질문권을 하나 드리고 싶군요."
Since you guys are been excellent hosts."
: 정말 훌륭한 개최국 역할을 해주셨으니까요."
"Anybody?"
: 누가 없나요?

침묵이 흐릅니다.
이때 오바마 대통령이 위트 있게 지혜를 발휘하죠.

"I'll probably need a translation though."
: "아마도 통역이 필요할 것입니다."
"If you ask a question in Korean, in fact, I will definitely need a translation."
: "한국어로 질문을 하면 반드시 통역이 필요하겠지요."

이 어색한 분위기에서, 갑자기 중국 CCTV 기자가 유창하게 영어로 질문을 하며 끼어듭니다.

"대통령을 실망시켜서 죄송하지만, 저는 중국인입니다. 아시아 전체를 대표해서 질문을 해도 되겠습니까?"
이 질문에 오바마 대통령은 정중하게 거절을 합니다.

"I did say that I was gonna to let the Korean press ask a question."
: "저는 한국 기자에게 먼저 질문할 기회를 드렸습니다."

조금은 당황한 오바마 대통령의 말이 채 끝나기도 전에 이 중국인 기자는 "한국 친구 기자에게 대신 질문할 수 있도록 허락을 받으면 가능하냐?"고 또 묻습니다.

"It depends on whether the Korean reporter would rather have the question."
: "한국 기자가 질문하고 싶은지에 따라서 결정되겠군요."

다시 한국 기자에게 두 번째 질문할 기회가 옵니다. 참 이상합니다. 계속 침묵이 흐르네요. 마지막으로 오바마 대통령의 간단하지만 명료한 촉구의 말…

"No? No takers?"
: "없나요? 질문하실 (한국) 기자분?"

우리나라 기자들은 이 중대한 순간, 영어로 질문을 하는 것이 왜 그리도 어려웠을까요? 전 세계의 눈이 집중되는 현장에서 영어로 질문을 한다는 것이 개인에게는 엄청난 부담일 수 있습니다.

요즘은, 언론고시라고 해서 언론사 입사 최고 경쟁률은 1,000 대 1이 넘는다고 해요. 마찬가지로 과거 언론사 입사 경쟁률도 평균 100 대 1을 웃돌았다고 하는데, 그렇게 힘든 과정을 거친 인재들에게 과연 '질문거리'가 없었을까요?

우리가 "진정한 의사소통"을 위해서 영어를 배우지 않는다면, 수많은 인재들이 영어 '벙어리'가 되어 해외 무대에서 뛸 기회조차 얻지 못할 것입니다.

4
조기영어교육의 효율성

✧ 조기영어의 적절한 연령

　지금은 조기영어라는 말이 일상생활에서 빈번히 쓰이고 있어요. 요즘은 '영어 태교'부터 시작해서 아이에게 이중언어 환경을 만들어주는 부모를 당연시 여기는 것 같습니다.

　제가 생각하는 조기영어의 범위는 태아기(임신기간)를 시작으로 영유아기를 포함한 초등 저학년까지입니다. 많은 부모가 조기영어교육에 드는 비용을 자녀의 미래에 대한 과감한 투자로 여기는 반면 여유가 없는 부모는 아이의 생애 초기에 뭔가 해주지 못함을 자책하거나 내 아이가 뒤처지지 않을까 하는 불안감을 느끼기도 합니다.

　재차 강조하지만 영유아의 발달의 원리 중 '결정적 발달의 가소성', '불가역성' 등은 조기영어교육과 연관성이 있지만 그것이 절대적인 진리가 아닙니다. 뇌 발달 특성상 초등학교 3학년을 전후로 영어를 시작하는 것이 오히려 적합합니다. 학교에서 배우는 영어를 시작으로 아이를 위해 매일 영어 환경을 조성해주고, 꾸준히 영어 실력을 쌓도록 이끌어 준다면, 새로운 언어를 향한 무한한 가능성이 열린다는 것을 명심하세요.

 조기영어교육의 효율성에 대해서는 정말 의견이 분분합니다. 사교육 업체는 언제나 그렇듯, 조기영어에 대한 타당성이 조금이라도 있으면, 아주 작은 확률이라도 과대포장하여 학부모의 지갑을 열게 만드는 데 여념이 없습니다.

 미국인 심리학자 마크 팻쿼스키(Mark Patkwoski)는 피아노, 자전거, 수영 등과 같은 의식적인 학습은 어느 정도 지적 능력이 있고 학습 상황을 인지하며 스스로의 욕구를 통제할 수 있는 만 8~11세 아이들이 더 빨리 습득할 수 있는데, 언어 역시 명시적 학습으로 이루어질 경우 인지 능력이 우수한 아이들(취학 전보다 취학 후)이 더 빠른 습득을 보일 수 있다고 밝혔습니다.

 서울 대학교 영어교육과 이병민 교수는 초등학교 2~3학년 수준의 인지 능력이라면 유아기부터 영어를 시작해 5년간 습득한 학습량을 6개월 정도면 따라잡을 수 있다고 언급했습니다.

 이스라엘, 독일, 핀란드, 이탈리아 등 세계 여러 나라의 유치원에서는 정식으로 글자교육을 하지 않아요. 이기숙 교수님의 《적기교육》에는 이러한 나라들은 정서교육을 먼저 가르친다고 합니다. 그들은 왜 지식 위주의 선행 학습을 유치원에서 가르치지 않는 것일까요?

 미국의 버클리대학 심리학연구소가 성공한 사람 600명을 대상으로 그들의 공통점을 조사해 보았더니, 성공한 사람들의 5가지 특징 중 하나가 '살아 있는 감성'이었다고 합니다. 풍부한 감정과 뛰어난 감각을 가진 사람이 성공할 가능성이 높음에도 불구하고 여전히 대한민국의 부모들은 조금이라도 어릴 때부터 한글과 숫자, 영어를 가르치는 인지 학습에 더 높은 관심을 보입니다.

이기숙 교수님은 30여 년 동안 학부모들에게 조기교육에 대한 질문을 받아오셨다는 경험담과 함께 영유아기의 사교육이 학습에 효과적이라는 연구 결과를 어디에서도 찾아볼 수 없다고 하셨어요.

조기교육이 정말 아이들의 밝은 미래를 보장해주는 것이 맞을까요? 오히려 어릴 때부터 사교육으로 인해 잃어버리는 것들이 훨씬 더 많다는 것을 현명한 부모라면 알아야만 합니다. 우리가 적기영어를 반드시 해야 하는 이유는 조기영어의 효율성을 확실하게 증명하지 못하기 때문입니다.

조기영어 정말 효과적일까?

우리나라에서 조기영어의 붐이 일어난 시기는 2000년대 초반입니다. 김영삼 정부 때 초등학교에서 영어를 시작한다고 공표한 시점인 1995년 이후부터 현재까지 조기영어는 영유아 사교육의 No.1 자리를 계속해서 유지하고 있습니다.

매년 EF(Education First)에서는 비영어권 국가 88개국을 대상으로 영어 구사능력을 평가하여 세계 최대 영어능력 평가 지수(EPI: English Proficiency Index)를 순위대로 발표하는데 2018년도에 대한민국은 전체 31위(보통 등급)에 랭크되었습니다. 아시아 국가 중에서는 6위를 차지했어요.

아시아 국가에서 싱가포르는 모든 교육을 영어로 실시하는 등 영어를 중시하는 국가 정책으로 인해 전체 3위(우수 등급)를 차지했고, 필리핀이 14위(양호 등급), 말레이시아가 22위(양호 등급), 인도 28위(보통 등급), 홍콩이 30위(보통 등급)에 해당되었습니다.

카츠루의 전 세계 영어권 분류로 따지면 우리나라는 영어를 내부적인 의사소통의 언어가 아닌 '외국어'로 사용하는 확장 그룹에 속해 있습니다. 싱가포르, 말레이시아, 필리핀, 홍콩, 인도 등은 과거 영국이나 미국의 식민지 관계에 있었으며, 영어를 사회 내부의 중요한 소통의 도구로 쓰고 있는 '외부그룹'에 속한 나라들이죠. 우리나라와 상황이 다른 나라들을 단순히 영어 점수로만 비교하는 것은 옳지 않습니다.

첫째가 다녔던 유치원에서 이화여대 유아교육과 김희진 교수님께서 '현명한 부모의 자녀 비인지적 역량 키우기'라는 주제로 부모 교육을 진행하셨어요. 그 강연의 내용은 유아 시기에 학습과 인지 능력 향상에만 관심을 두지 말라는 것이었습니다.

> 적기 교육 = 조기교육의 시기를 늦추는 것이 아닌
> 배움의 적기를 놓치지 않는 것

둘째는 6세 때부터 매달 어린이집에서 했던 영어워크북, 한글학습지, 수학 학습지, 교구 활동 북, 역사 활동지 등을 한가득 가방에 들고 오기 시작했어요. 7세가 되면 한자도 추가된다고 하더군요.

셋째는 4세부터 어린이집 영어 선생님과 주 4회 영어 수업을 진행했습니다. 저는 좀 더 놀이와 감성 중심의 원 생활을 바랐는데, 이미 많은 유아 기관에서는 특기 수업을 외부업체에서 들여오는 것이 일반화되어 가고 있어요.

만 3~5세는 피아제의 인지적 구성주의에서 볼 때 구체적 조작기에 해당합니다. 구체적 조작기는 직접 경험을 통해 사물을 만지고 조작하는 실물 교육이 필요한 시기이고, 이러한 경험은 모국어로 진행하는 것이 자연스럽습니다.

영어의 추상적인 개념을 이해하는 데에는, 형식적 조작기가 훨씬 더 효과적입니다. 비싼 교구로 영어를 배워서 그 아이가 글로벌 인재가 되는 것이 아니라, 안정적인 정서를 바탕으로 모국어를 풍부하게 하는 것이 진정한 인재를 양성하는 첫 단추입니다.

조기영어의 효과를 누리는 유아들도 분명히 존재해요. 그러나 비용 면에서 평범한 부모가 감당하기에는 너무나 큰 희생입니다.

유아 전일제 영어 학원은 원어민 강사를 고용하는 조건으로 한국인 강사보다 1.5~2배는 더 많은 인건비, 주거비, 공과금, 왕복 항공권 등을 제공합니다. 원어민에게 들어가는 이 모든 비용이 바로 학부모의 수입에서 고스란히 빠져나가는 것입니다.

흔히 영어는 장거리를 뛰는 마라톤이라고 하죠. 그러나 대한민국 부모들은 마라톤 초반부터 너무 많은 에너지를 쏟고 있어요.

유아 시기 배우게 되는 유아영어 표현들은 초등학교 3학년 영어 교과서에 나오는 1년의 커리큘럼을 더 벗어날 수가 없습니다. 생각할 수 있는 머릿속 용량은 정해져 있는데, 모국어보다 더 높은 수준의 영어로 읽고 쓰고 말하고 듣는 모든 행위가 어린 유아들에게는 고통일 수 있습니다.

EBS 다큐프라임 〈언어발달의 수수께끼〉 제작팀은 '영어를 배우는 시기가 어릴수록 좋은가?'에 대한 몇 가지 실험을 진행했습니다.

그중 두 가지 실험을 한번 살펴보겠습니다.

먼저, 6개월 아기 4명에게 애니메이션을 보여주면서 영어 'L' 발음을 들려주다가 갑자기 'R' 발음을 냈을 때 아기의 뇌가 어떻게 반응하는지 뇌파를 분석했습니다. L 발음에서 R 발음으로 바뀔 때 아기의 뇌파 진폭 그래프는 현저히 높아졌어요.

그렇다면 같은 실험을 생후 15개월 아기에게 시행했을 때 어떤 결과가 나왔을까요? 15개월 아기에게는 R과 L 발음에 대한 각각의 뇌파 평균이 별다른 차이를 보이지 않았습니다.

대한민국 평범한 어른이라면 쉽게 구분하기 어려운 R/L 발음의 미묘한 차이를 구분했던 6개월 아기가 불과 1년도 지나지 않아서 왜 이렇게 변하게 되었을까요? 그 이유는 1년 사이에 아이의 두뇌가 우리말 습득에 맞게 정리가 되었기 때문입니다.

즉, 한국어 환경에 충분히 노출되어야 할 시기의 아이들에게는 영어 노출을 많이 할 필요가 없다는 것입니다. 많은 분들이 아이들이 태어나서 3~4년 만에 모국어를 습득하는 것을 보고 모든 아이는 언어천재가 될 수 있다고 생각을 하지요. 그리고 이 원리를 조기영어에 그대로 적용시키려고 합니다.

모국어가 탄탄하게 자리 잡은 다음 꾸준히 지속적으로 영어에 시간을 투자해도 절대로 늦지 않습니다.

〈언어발달의 수수께끼〉 팀은 서울대학교와 공동으로 '연령별 외국어 배우기 : 유치원생 VS. 대학생의 중국어 대결' 실험을 진행했습니다.

동일한 조건에서 중국어를 배운 두 그룹 간의 평가 결과 어휘력과 문장능력은 대학생 그룹이 8세 아동에 비해 압도적으로 높은 점수를 얻었어요. 그러나 발음에서는 두 그룹의 점수 차이가 거의 없었습니다. 오히려 발음 평가에서 최고의 성적을 거둔 학생은 8세 아동이었습니다.

앨리슨 매키 교수는, 말을 빨리 배우면 배울수록 원어민에 가까운 발음을 할 수 있는 것은 사실이지만, 성인들이 인지적으로 더 성숙하기 때문에 언어 학습의 속도가 빠를 수 있다고 했습니다. 모국어로 사고하는 그릇이 탄탄한 성인이 외국어를 더 깊이 이해할 수 있다는 것이죠.

성인도 의지를 가지고 꾸준히 시간을 투자해서 노력한다면, 외국어 학습에서 충분히 목표한 바를 이룰 수 있어요. 어릴 때부터 영어 환경에 노출시켜야만 더 빨리 영어를 마스터 할 수 있다는 생각은 상당히 위험합니다.

우리 아이들이 어릴 때 경험해야 할 수많은 것들 중의 하나가 영어이지, 영어가 전부가 아닙니다.

왜 우리는 유아기 '영어'로 인해 어릴 적부터 더 소중한 것들을 포기해야만 할까요?

✰ 영재성은 키워지는 것이다

영재 교육의 허와 실을 면밀히 살펴볼 이유가 있습니다. 태어나면서 유전적 영향을 크게 받아 또래보다 뛰어난 아이들도 분명히 존재하지만, 근육을 단련하듯 계속된 뇌의 훈련으로 똑똑함도 발달시킬 수 있어요.

영재라고 해서 특성화된 프로그램에 아이를 내맡기기보다, 어릴수록 가정에서 아이의 뇌를 자극할 수 있는 환경을 조성하고 아이의 노력을 격려하고, 실패해도 괜찮다는 긍정의 메시지를 계속해서 심어주어야 합니다. 성공한 자녀에겐 난관이 오히려 발전의 계기가 된다고 하지요.

가드너는 "다수가, 아니 어쩌면 대다수가 어린 시절의 잠재력을 충분히 발휘하지 못한다"는 말을 했습니다. 이는, 우리가 아이들을 키울 때 얼마나 똑똑한지를 볼 것이 아니라 아이의 똑똑함은 얼마든지 키울 수 있다는 믿음하에 계속해서 지지하고 격려해야 함을 뜻하는 것은 아닐까요?

저는 첫째에게 영어를 잘 할 수 있다고 계속해서 신호를 주었어요. 영어 단어 하나를 함께 조사하며 알아갈 때, 영어 소리와 글자의 관계를 터득할 때, 전에는 읽지 못했던 영어 문장을 읽을 때, 책 한 권을 다 마무리했을 때, 우리말을 영어로 번역해 달라고 물어볼 때, 영어 노래 한 곡을 쪼개고 쪼개어 결국 한 곡을 멋지게 다 불렀을 때….

아이의 영어 실력이 한 뼘 한 뼘 성장할 때마다 계속해서 칭찬해주고, 지금처럼 노력하면 더욱더 잘할 수 있을 거라고 격려해주었어요.

무엇보다 왜 영어를 잘해야 하는지, 영어가 국제어가 된 이유가 무엇인지, 한글과 영어의 관계, 영어로 만나게 될 수많은 친구들, 영어로 인해 세상에 더욱더 기여할 수 있는 점 등을 아이와 공유하고 있어요.

아이는 스스로 영어 공부 계획을 세웠어요. 플랜대로 실천을 못할 때도 있지만, 아이는 자신이 정한 공부 스케줄은 대부분 지키려 노력하더군요. 무엇보다, 꾸준히 하는 힘을 기를 수 있도록 '끈기'를 격려하고 있어요. "늦게 시작해도 괜찮아. 엄마는 열네 살에 처음 영어를 배웠는걸" 하면서요.

요즘은 어린 나이에 영재 검사를 하는 것이 그리 놀라울 일도 아니지요. 저는 양육에 있어서는 일찍 꽃 피우는 것보다 대기만성형 아이들을 키우자는 쪽입니다.

《양육 쇼크》에 따르면 미국에서만 수백만 명의 아이들이 영재 교육과 사립학교 입학을 위해 경쟁하고 있으며, 많은 학군에서 지능은 타고나는 것이라는 전제하에 영재반을 운영하고 있다고 합니다.

박옥춘 저자의 《미래형 자녀교육법》에 따르면 미국은 각 교육구마다 영재 교육의 대상자를 뽑는 기준이 다른데, 일반적으로 지능 검사에서 132점 이상은 받아야 한다고 해요. 그중에서도 교육 수준과 경제력이 가장 높은 페어팩스 카운티 교육구는 지능검사 점수를 140점 이상으로 상향 조정을 했다고 하네요. 영재 교육 대상자가 너무 많기 때문인데요.

영재 판명은 11살 이후에 치러져야 한다는 의견에 여러 실험 결과들이 힘을 실어주고 있습니다. 미국 교육평가 서비스의 수석연구원 도널드 록(Donald Rock) 박사는 이렇게 말합니다.

"어릴 때 아주 영리한 아이로 확인받는 것은 절대적이지 못하다. IQ 검사가 결코 정확하지 않다."

코넬대, 스탠퍼드대, 런던대 등의 연구진도 결국 지능은 두뇌의 서로 다른 영역들이 동시 다발적으로 기능하며 두뇌 전체에서 작용한다는 것을 사실을 밝혀냈습니다. 특히, 어린 연령대의 뇌는 피질의 발달이 끝나지 않았고 신경망 안에서 기능이 이동한다는 점 그리고 결정적으로 지능의 구조가 정비되지 않았다고 주장합니다.

타고난 재능을 어릴 때는 발휘하지 못했지만 아이들이 자신만의 속도로 나아갈 수 있도록 부모나 사회에서 이끌어주어야만 해요. 캐롤 드웩 교수는 학습자의 노력 여하에 따라서 지능도 달라질 수 있다는 '성장하는 마인드 셋'을 주장했습니다. 이제는 더 이상 낡은 방식의 사고, 즉 '영재성은 불변하고 고정적이다'라는 생각이 더 이상 통하지 않는 세상이 되기를 바랍니다.

《말이 아이의 운명을 결정한다》에는 모든 아이가 다양한 면을 지닌 존재로 인식되어야 하며 아이들의 특성에 꼬리표를 붙여서는 안 된다고 조언합니다. 아이들은 저마다 다르고 변화와 성장의 가능성을 무한히 가진 존재이기 때문이죠.

그런 아이들에게 우리는 큰 죄책감 없이 "평균"을 기준으로 그 이상과 그 이하의 어딘가에 가두려고 합니다. 아이들이 자라면서 더욱 성장할 수 있도록, 노력하면 원하는 만큼의 성취를 얻을 수 있다는 그 '말'을 언제까지나 해주세요.

5
유아영어 환경 만들기

✬ Daily Routine에 주목하기

아이들이 어릴 때는 가정에서 보내는 시간이 많지요. 저는 첫째를 낳고 돌이 될 무렵에 영어 교습소를 운영했어요. 낯선 신도시에서 아이 하나를 키우며 어머님들이 해주시는 조언을 귀담아 들으려고 했어요. 그중에서도 책을 많이 읽어주어라, 아이와 좋은 추억을 많이 만들라는 말씀을 정말 많이 들었어요.

교습소는 아침에 여유가 있으니 오전에는 아이와 조금이라도 더 함께 있을 수 있었습니다. 첫째는 이중언어 환경에서 키우고 싶은 열망이 커서, 우리말 책도 열심히 읽어주고 영어책도 많이 읽어주었어요. 교습소를 하면서 영어도서관을 만들었는데, 그때 구입했던 다양한 영어 그림책을 첫째에게 매일 읽어주고 함께 음원도 들으며 같이 신나게 불렀어요.

아이가 4살 때쯤 한 다큐멘터리를 영어로 보았는데요. 'Grain'이라는 단어가 언급되었는데 아이가 왜 Grape가 안 나오냐고 물었던 기억이

나요. 아이 귀에는 Grape와 Grain이 원어민의 빠른 속도로 비슷하게 들렸던 거였어요. 아이는 생활영어 또한 우리말만큼 많이 썼어요. 4살 무렵 아이는 자신이 표현하고 싶은 말들을 영어로 조잘조잘 말하기 시작했습니다.

영어의 시작은 '가정'에서 진행되어야 해요. 가정에서 가장 오랜 시간을 보내기 때문이죠. 낯선 곳이 아닌, 가장 안정감이 흐르는 곳, 영어 노출의 지속적인 시간 확보와 '반복'의 힘은 가정이라는 환경이 지닌 가장 큰 장점입니다.

'Daily Routine'이란 '하루 일과'를 뜻해요. 일상생활의 모든 순간들이 거의 매일 같은 순서대로 반복되지요. 아침에 일어나 세수하고 양치질하기, 옷을 갈아입고 아침밥 먹기, 인사하기, 방과 후 손을 씻고 간식 먹기, 재미있는 놀이하기, 영상물 보기, 게임하기, 저녁 식사하기, 책 읽기, 그리고 다시 잠자리에 들기…. 이 모든 과정에 영어를 넣어 보세요.

Daily Routine의 첫 번째 원칙은 '동시성'이에요. 이렇게 매일매일 아이와 함께 하는 일이나 동작을 하는 그 순간, 영어로 간단히 말하는 거예요. 그러면 아이는 그 말의 뜻을 처음에는 이해를 못하지만, 상황으로 대충 짐작은 하게 됩니다. 처음에는 간단하게 시작하는 것이죠,

> Wake up! 일어나!
> Good Morning! 좋은 아침이야!
> The Sun Comes out! 해님이 나왔어!
> Brush your teeth! 양치질하자!
> Wash your face! 세수하자!
> Make your bed! 침대를 정리하자!
> Get dressed! 옷 입으렴!
> Have Breakfast! 아침 먹자!
> Let's go outside! 밖으로 나가자!
> Have a nice day! 좋은 하루 보내!
> It's play time. 놀이 시간이야.
> I'll read the book. 책 읽어줄게.
> Time for bed. 잠잘 시간이야.
> Are you feeling good? 기분이 좋니?
> Did you pee? 쉬 했어?
> Have some snack. 간식 먹으렴.
> Help yourself. 맛있게 먹어.
> Are you hurt? 다쳤니?
> Do as I do! 나를 따라서 해 봐!
> Good night! 잘 자라!
> Sweet dreams! 좋은 꿈 꿔!

Daily Routine의 두 번째 원칙은 '확장성'입니다. 확장 같은 경우는 '날씨'와 '날짜'의 경우를 보면 이해하기 쉬울 거예요.

눈이 펑펑 쏟아지는 날에 추위를 느끼며 날씨를 표현해 보는 거예요. : It's snowing. And it's freezing.

또한 아이들은 매일 달력에서 숫자의 변화를 확인할 수 있지요. : It's February sixteenth, seventeenth, eighteenth….

어제 기분이 좋았다가 오늘 기분이 안 좋아 보인다면, 걱정스러운 표정으로 물어보세요. : Are you sad? What's the matter?

Daily Routine의 세 번째 원칙은 '끼워 넣기'입니다. 지난번에 한 행동을 오늘의 활동을 하면서 중간중간 영어로 끼워 넣는 것인데요.
아이에게 주스를 따를 수 있는지 부탁을 하며, 과거의 경험과 관련된 영어를 사용할 수 있어요.

> Can you pour juice? 주스를 따를 수 있니?
> You spilled water yesterday. 어제 물을 흘렸었지.
> Mommy spilled water too. 엄마도 물을 흘렸었어.
> Everyone makes mistakes. 우리 모두 다 실수를 해.
> Be careful honey. 조심하렴.

Daily Routine 의 네 번째 원칙은 '예측성'입니다. 엄마는 식사를 준비하면서, 아이들에게 무엇을 할지 예측해 보게 유도할 수 있어요.

Dinner is almost ready.
저녁식시가 거의 준비됐어.
So you are going to wash your hands.
이제 손을 씻어야겠지?

엄마는 저녁 식사를 분주히 준비하면서, 아이들이 다음에 할 행동을 영어로 미리 말해주는 것이죠.

열심히 놀이를 하는 아이들에게는 "When play time is finished, you have to clean up!" 아이들은 지금 놀이에 집중을 하고 있지만, 엄마가 시계를 가리키며 영어로 말을 한다면, 그다음은 정리를 하라는 소리구나 하고 아이들이 자연스럽게 받아들이게 됩니다.

Daily Routine의 다섯 번째 원칙은 '반복성'입니다. 동시성, 확장성, 끼워넣기, 예측하기의 이 모든 것들이 Daily Routine 속에서 반복되면, 영어가 아이들의 생활에 들어오는 것이죠.

엄마와 의사소통을 영어로 자주 접하며 동시에 영어로 된 그림책, 영어 영상물, 영어 음원, 화상 영어 등을 꾸준히 반복한다면 우리 집이 바로 최적의 영어 환경이 되는 것입니다.

✤ 문자는 유연하게! 문해력 키우기

우리는 하루 종일 언어에 둘러싸여 살아갑니다. 아이를 키우며 가장 감격스러운 순간은 아이가 글을 읽기 시작할 때죠. 아이가 한글을 뗐다고 어서 주위에 자랑하고 싶은 생각도 듭니다.

저는 어릴 적 1학년 때 읽은 교과서를 더듬더듬 읽어 나갔던 그 순간을 지금도 잊을 수가 없어요. 제 빈약해진 기억력은 '철수'와 '영희'만을 떠올릴 뿐이지만, 단어가 제 입 밖으로 나오는 그때의 희열은 지금까지 강렬하게 남아 있네요. 한글을 스스로 읽어내는 아이도 그렇게 자랑스러운데, 하물며 영어책을 술술 읽는 자식을 보는 부모의 마음은 정말 감동이겠지요.

첫째는 통문자로 6살 때부터 영어를 읽기 시작했어요. 파닉스 규칙을 잘 몰랐을 때 통문장을 이미지처럼 인식해서 읽었을 텐데도 저는 그렇게 기쁘더라구요. 3살 무렵부터 스토리 한 권을 통째로 외우고 다녔거든요.

6세 때는 이머젼 수업을 해서 다양한 TOPIC의 주제도 대부분 흡수했어요. 이야기를 영어로 확실히 이해하고는 우리말로 질문도 많이 했었어요.

7세 때는 초등 수준의 영어책들을 열심히 읽혔어요.

제가 아이에게 텍스트를 읽도록 강요할수록, 아이는 심리적으로 영어를 거부하는 상태에 이르게 되었어요.

매일 영어책을 재미있게 보고 듣는 경험, 음원이나 영상을 잘 활용해서 읽기에 자신감과 흥미 갖기, 엄마가 직접 아이에게 영어책을 읽어준 기회가 정말 적었어요. 셋째를 출산하고는 더욱 영어 환경에 신경을 쓰지 못했거든요.

그렇게 어영부영 시간이 흐르게 되었습니다. 가장 후회되는 점이 바로 초등학교 1, 2학년 때 아이의 영어 읽기에 그 어떤 자극도 주지 못한 것이에요. 파닉스에 대한 호기심으로 계속 불꽃이 튀게 해서 읽기에 불을 지필 수 있었는데 저는 그 흐름을 막았어요. 아이 스스로 읽지 못해도 엄마가 매일 영어 동화책을 읽는 시간을 마련해주세요. 저는 무슨 일이 있어도 하루 한 권 이상은 영어 그림책을 읽어주려 노력 중입니다.

3학년이 되자 아이는 영어 문장을 스스로 읽지 못한다는 것에 심하게 낙담을 했습니다. 아예 못 읽는 상황도 아니었는데, 워낙 완벽주의 성향이 강한 아이라 혼자서 읽지 못하는 단어는 아예 시도조차 하지 않으려고 했어요. 그래서 돌파구를 찾은 것이 쉬운 리더스 북 집중듣기였습니다. 동시에 파닉스 교재로 낱말과 '문장' 읽기에 더욱 집중하였고, 사이트 워드를 매일매일 공부했어요. 리더스 북 같은 경우는 20권이 세트로 묶여 있었고, 내용도 짧고 삽화도 단순해서 제격이었어요. 지금은 아이가 스스로 영어책을 읽을 수 있다는 자신감에 정말 뿌듯해하고 있답니다. 그 자신감으로 아이 스스로가 자꾸 다른 책을 찾게 되더라구요.

Rutgers University 교수인 레슬리 맨델 머로우(Lesely Mandel Morrow)는 "발생적 문식성"이란, 아이가 태어난 후부터 유아가 관례적인 읽기와 쓰기를 하기까지의 기간이고, 문어에 관련된 지식과 능력에 대한 첫 신호라고 했어요. 어려서부터 문어에 자주 접촉한 유아가 읽기에 대한 긍정적인 태도를 갖습니다. 실제로 아직 읽는 능력이 없는 아이들도 책을 들고 즐겁게 읽는 흉내를 내는 것을 볼 수 있어요.

머로우는 유아들이 반복 읽기를 원한다는 것을 발견해 냈습니다. 결국 동화책 읽어주기가 유아 읽기의 바람직한 출발점이 된다는 것이죠.

한글 같은 경우는 아이에게 책을 읽어주기만 해서 글을 깨우치는 경우도 있지만, 글자에 대한 다양한 활동들을 통해서 직접적으로 한글을 뗄 수도 있어요.

영어의 경우는 너무 어린 시기에 문자를 읽도록 하기보다는 우선 영어 책이 눈에 가까이 보이는 환경에서 아이를 키웠으면 합니다. 되도록 풍부한 영어책 환경 속에서 엄마가 자주 영어책을 읽어주면, 아이는 영어의 소리와 글자에 점점 더 관심을 가지게 될 거예요.

문해(LITERRACY)는 읽고 쓸 수 있는 능력을 뜻합니다. 영유아의 문해 발달에는 두 가지 시각이 존재합니다. 읽기와 쓰기를 학습을 위한 단순한 기술로 바라보는 '읽기 준비도' 그리고 의미 있는 사회 문화적 작용으로 바라보는 '발생학적 문식성'이 있어요. 이 두 가지 시각을 이분법적 논리가 아닌, 균형적 언어접근법으로 두 가지를 적절하게 활용하는 것이 좋아요.

미국에서는 총체적 언어 접근법을 따랐던 많은 주들에서 아동의 읽기 능력이 크게 저하되었다는 사실을 발견했습니다.

총체적 언어 접근법은 아동에게 '의미' 있고 '상황적'인 언어 사용이 가능하도록 한 언어 교육법입니다. 즉, 언어란 총체적일 때만 언어일 수 있다고 보며 이야기에서 글자로 향하는 하향식 접근 모델이에요. 낱자 지식, 음운 인식, 자모체계의 이해, 자소음소의 대응 관계 이해, 단어 재인, 어휘력 등 읽기의 기초 기능들을 직접적으로 가르치는 것을 반대하죠.

연방 정부와 전국적 수준의 관심으로 읽기 지도에 대한 연구들이 시행되었습니다. 유아들은 읽기의 초기 단계이므로 읽기의 기초 기능들을 직접적으로 가르치는 것이 효과적이다라는 결론에 도달했어요.

결국, 많은 주들이 총체적 언어 접근법 대신, 균형적인 초기 읽기 지도법을 강구하게 되었습니다. 균형적인 초기 읽기 지도법은 유아에게 실제적인 읽기 활동들을 경험시키며 동시에 유아들의 흥미를 자극할 수 있는 의미 있는 읽기 자료들을 가능한 많이 제공합니다. 즉, 의미 중심적인 책 읽기 활동뿐 아니라 발음 중심적 활동까지 균형 있게 가르치는 것입니다.

영어를 잘한다는 것은 말하기만 유창한 것이 아니라 비판적인 읽기로 외국어 사고의 확장이 탄탄한 상태를 말합니다. 아이가 영어를 읽을 수 있는 '초기 읽기 지도'에 관한 환경을 엄마가 가정에서 충분히 만들 수 있어요.

엄마가 소리 내어 영어책 읽어주기, 엄마와 아이가 함께 읽기, 혼자 읽어 보기, 소리 내어 읽기, 반복되는 구절 찾기, 철자와 소리의 관계 알아보기, 영어 의태어와 의성어 말해 보기, 라임 읽어 보기, 영어 동요를 Lyrics에 따라 부르기, 표지에 있는 제목 읽어 보기, 그림을 중심으로 몇 페이지만 읽어 보기, 종이나 칠판에 글자 적어 보기, 글자 카드 숨기고 찾아보기 등 소리와 철자의 관계를 아이가 깨우칠 수 있도록 해주세요. 문해력을 키우는 것은 생각보다 어렵지 않습니다. 그리고 매일 책 읽어주기의 힘은 그 무엇보다 강합니다.

✨ 미디어를 지혜롭게 활용하기

스트리밍의 시대라고 합니다. 데이터가 물이 흐르는 것처럼 처리된다는 스트리밍 서비스는 넷플릭스가 그 대표적인 예로 유료 가입자가 1억 5,000만 명에 이른다고 하죠.

넷플릭스와 디즈니, 아마존, 워너미디어, 애플 TV+ 등 전 세계 시청자들을 끌어들이기 위한 온라인 스트리밍 전쟁이 시작되었습니다. 엄마표 영어 선배님들은 지금 이 현상을 아주 부러워하실 것 같아요. 아주 예전에는 영어 방송을 보기도 어려워서, 비디오로 따로 녹화를 하시거나, DVD도 쉽게 구하기 어려웠다고 하죠. 이제 우리는 다운로드를 할 필요도 없이 인터넷이 연결된 곳이면 언제 어디서나 실시간으로 영어 영상을 볼 수 있습니다. 저렴한 월 구독료로 그 많은 영어 콘텐츠를 볼 수 있다는 것도 엄마표 영어의 짐을 덜어주는 것 같아요.

보리스 존슨 영국 총리는 유튜브 시대에 TV 수신료는 구시대적 유물이라고 했습니다. 스마트폰으로 연결되는 세상에서 우리 아이들은 영어를 더 많이, 더 빨리 접할 수 있게 되었어요.

시대는 급변했지만 여전히 우리는 영상 밖에서 한국어만을 쓰는 단일어 사회죠. 영어를 모국어처럼 배우려면 먼저 영어를 쓰는 '상황'에 들어가서 수없이 들어야 해요. 단, 이해할 수 있는 범위인 쉬운 단계부터 배우는 것을 전제로 합니다.

어린 자녀를 둔 엄마들에게 가장 경제적이고, 실천하기 쉬운 영어 듣기 환경이 바로 영어 영상물 보여주기입니다. 유튜브로 볼 수 있는 무료 영어 영상은 제가 아이들을 가르칠 때도 스크린에 띄어서 적절하게 활용했어요.

저희 둘째 같은 경우도 유튜브에서 나오는 영어 노래를 보며, "엄마, 영어 시간에 이거 배웠어!"라고 말하며 좋아하더라구요.

모바일 시장 확대와 데이터 제공 서비스의 다변화가 가져온 변화는 그 속도를 측량할 수 없을 정도입니다. 온라인 동영상 서비스

OTT(Over-The-Top), 즉 인터넷을 통해 방송 프로그램, 영화, 교육 등의 각종 미디어 콘텐츠를 제공하는 서비스를 통해 기업은 점점 더 강력해지고 있습니다. 그 변화의 한가운데에서 부모님들은 자녀와 스마트폰 전쟁을 치르고 있어요.

스마트폰에 적응하는 것도 중요하지만, 아이의 순차적인 '발달'이 먼저라고 생각합니다. 2015년 영국의 대표 대중 매체 〈이코노미스트〉는 '스마트폰의 행성(Planet of the phones)'이라는 특집 기사에 "포노 사피엔스의 시대가 도래했다"고 했습니다. 호모 사피엔스에 비유하여 지혜가 있는 폰을 쓰는 인간을 등장시킨 것이죠.

저도 밀레니얼 세대에 속하기는 하지만 2007년 아이폰의 탄생 때 이미 다 큰 성인이었죠. 그러나 저희 아이들은 탄생하는 순간부터 스마트폰을 손과 뇌처럼 사용하는 시대에 살고 있다고 하니, 그 차이는 실로 엄청날 거라 생각됩니다. 그렇다면, 우리는 이 첨단기계를 어떻게 다루어야 아이들에게 바람직한 외국어 환경을 선물로 줄 수 있을까요?

한국 경제의 한 기사에 의하면 글로벌 IT 기업 창업자와 최고경영자들은 어린 자녀에게 IT 기기를 멀리하도록 가르친다고 합니다. IT 거물들이 자녀에게 스마트폰을 주지 않는 이유는 결국, 사고하는 힘은 책과 대화에서 나온다고 생각하기 때문입니다.

잘 알려진 대로 빌게이츠 부부는 자녀가 만 14세가 되기 전까지 스마트폰을 가지지 못하게 했으며, 식사 시간과 침대에 누워서는 그 어떤 전자 기기의 사용을 금지했다고 합니다.

멜린다 게이츠는 〈워싱턴포스트〉 기고문에서 "기술이 가져올 미래를 상상하긴 했지만 내 아이들에게 미칠 영향에 대해선 준비하지 못했다"고 회고하였어요.

우리 아이들을 "디지털 네이티브 세대"라고 부르는 이유는 디지털이 처음부터 일상에서 함께하기 때문입니다. 무작정 디지털을 '금지'하는 방안보다는 제대로 Control하고 '활용'할 줄 아는 태도와 기술을 가르치는 것이 중요해요. 너무 어린 아이들은 조절하는 방법을 알 수가 없지요. 그래서 부모가 현명하게 미디어를 활용해야 해요.

이제는 지식 폭증의 시대입니다. 아이들은 이제 하루가 다르게 똑똑해지는 AI를 이겨낼 수가 없겠지요. 하지만 인간 고유의 생각하는 힘과 '마음'으로 연결된 공감의 힘, 삶을 바라보는 가치관 등은 우리만의 힘입니다.

미디어를 지혜롭게 다루고 영어와 4차 산업혁명 시대의 경쟁력을 갖춘 따뜻한 인재로 키우는 것. 급변하는 이 시대 부모가 해줄 수 있는 가장 가치로운 일이라고 생각합니다.

6
유아영어 어떻게 가르칠 것인가?

✦ 누리과정과 연계된 유아영어

  누리과정은 만 3~5세를 대상으로 하는 어린이집 표준보육과정과 유치원 교육과정을 통합한 공통과정으로 구성되어 있습니다.

  '누리'는 '세상'을 뜻하는 순우리말이에요. 누리 과정의 목적은 만 3~5세 유아의 심신의 건강과 조화로운 발달을 도와 민주 시민의 기초를 형성하는 것입니다.

  중앙 정부와 교육청 사이에 누리과정 재원 부담으로 많은 갈등이 있었지요. 어린이집 누리과정 예산은 2020년부터 전액 국고로 지원하고, 유치원 누리과정 예산은 시·도 교육청이 지방교육재정교부금에서 부담해요.

  가장 큰 변화는 어린이집·유치원 구분 없이 만 3~5세를 대상으로 연령별 동일한 내용을 배운다는 점입니다. 누리 과정은 교육부와 보건복지부의 위탁으로 육아정책연구소가 주축이 되어 기본생활 습관 인성

교육, 초등학교 저학년 교육과정 및 0~2세 표준보육교육과정과의 연계를 고려한 프로그램이라고 볼 수 있습니다.

초등학교처럼 교과서는 없지만, 유아들이 배워야 할 교육과정 내용은 계속해서 개정되어 왔어요. 누리 과정의 구성 방향은 바른 인성과 전인 발달, 자율성과 창의성, 사람과 자연 존중과 우리 문화 이해에 중점을 두었습니다. 누리 과정은 급변하는 이 시대, 어떤 인재상에 초점을 두었을까요?

바로, 기본적인 생활습관이 잘 잡혀 있고 하고 싶은 일을 스스로 해결하며 유연한 사고를 가진 아이 그리고 타인과 진심으로 공감하고 소통할 수 있으며 우리 문화를 존중하며 정체성이 잘 잡힌 아이입니다.

아이와 엄마가 집에서 누리 과정에 맞춘 영어를 경험하는 것은 작은 관심에서 시작돼요. 꼭 비싼 금액을 지불하고 원어민과 영어 100% 수업으로만 영어를 배울 필요는 없습니다. 누리 과정 5개 영역의 목표 그리고 세부 내용에 관련된 영어 활동들을 준비해 보세요. 유아의 발달 특성 및 경험을 고려하여 놀이 중심으로 편성한다는 점은 누리 과정 총론에 나와 있는 지침입니다.

누리 과정은 아이들이 세상을 알아가는 첫 번째 관문이에요. 여러 가지로 생각해 보고, 시도해 보고, 혼자서 혹은 친구들과의 협업으로 또 선생님의 '도움'으로 아이들은 매일 세상을 모험하지요.

미취학 연령의 아이들 또한 '배움'에 대한 호기심이 많아요. 그래서 선생님의 역할도 상당히 중요합니다. 아이에게 일방적인 지식을 전달하는 교사가 아닌, 아이가 능동적으로 '지식'을 습득하게 도와주어야 해요.

영유아를 대상으로 하는 영어 학원이나 영어교육 프로그램들은 누리 과정에 연계되어 있는 경우가 많아요. 신체운동 · 건강, 의사소통, 사회관계, 예술 경험, 자연탐구 5개 영역의 교육목표에 따라 1년에서 3년까지의 영어 프로그램을 진행합니다. 누리 과정은 만 3~5세 연령별 발달 수준에 따른 위계성, 계열성 그리고 연속성 등을 고려했기 때문에, 내 아이의 연령이나 개인적인 발달 수준에 맞는지 참고하기에 정말 좋은 내용입니다. 그래서 7세의 영어 프로그램과 6세, 5세가 단지 어휘 수준만 다른 것이 아니라, 배우는 내용의 '폭'이 다르게 설정되어 있는지 꼼꼼히 살펴봐야 합니다.

※ 누리 과정 5개 영역 목표

- 신체운동 · 건강 영역: 기본 운동 능력과 건강하고 안전한 사회생활 습관을 기른다.
- 의사소통 영역: 일상생활에 필요한 의사소통 능력과 바른 언어 사용 습관을 기른다.
- 사회관계 영역: 자신을 존중하고 다른 사람과 더불어 생활하는 능력과 태도를 기른다.
- 예술 경험 영역: 아름다움에 관심을 가지고 예술 경험을 즐기며, 창의적으로 표현하는 능력을 기른다.
- 자연탐구 영역: 호기심을 가지고 주변 세계를 탐구하며, 일상생활에서 수학적 · 과학적으로 생각하는 능력과 태도를 기른다.

☆ 영어 그림책을 중심으로 한 통합교육

누리 과정의 5개 영역을 영어로 아이들에게 가르치고자 할 때, 영어 그림책을 활용하면 좋아요. 우선 월간과 주간 계획의 주제에 맞게 좋은 영어 그림책을 선정하는 것부터 시작합니다.

영어 그림책 자체로도 '문학적 접근법'을 활용한 다양한 언어 학습을 할 수 있어요. 그림책을 읽기 전 그림만으로도 아이들에게 영어의 호기심을 불러일으킬 수 있고, 책을 읽는 과정에서는 책 내용에 관련된 개념이나 다양한 상황들을 접할 수 있어요.

책을 읽고 난 후에는 쓰기로 이어지는 워크시트나 아이들의 느낌을 다양하게 표현하는 독후 활동을 합니다. 이처럼 영어 그림책만으로도 아이들은 언어 능력을 기를 수 있어요. 영어로 그림책 대집단 활동인 경우, 교사가 아이들에게 정보 추출적 질문을 더 많이 할 수밖에 없어요.

영어 그림책을 읽은 후 심미적 질문을 하기 어려운 이유는, 아이들이 느낀 바를 영어로 표현하는 것이 아직은 어렵기 때문이에요. 심미적 질문은 쉽게 말해서 아이가 그림책에 대해서 느낀 점에 중점을 둔 질문이에요.

"만약 네가 …였다면, 어떻게 하겠니?"
"네가 전에 혹시 ~일을 경험한 적이 있니?"
"…는 왜 그렇게 하였을까?"
"…는 이때 기분이 어땠을까?"
"동화를 듣고 난 후 느낀 점/배운 점/가장 기억에 남는 장면은 무엇이니?"

심미적 질문은 아이들이 책 그 자체의 즐거움을 경험할 수 있다는 것에 중점을 두는 것이죠. 정보 추출적 질문은 글의 내용에 대한 사실적, 정보적 수준을 묻는 질문입니다. 동화를 읽은 후 줄거리, 등장인물, 인과관계 등 구성요소에 초점을 두고 있어요.

"…이렇게 한 것은 누구니? 누가 나왔니?"

"…는 어디에서 살았니? …는 어디에 있었니?"

"무슨 일이 일어났니? 어떻게 했니?"

"동화를 순서대로 이야기해 보겠니? 그다음에 어떤 일이 일어났니?"

"결국 어떻게 되었니?"

외국어 학습자 입장이라면, 영어 그림책을 읽을 때는 '정보 추출적 관점'에서 읽는 것이 맞다고 생각해요. 정확하고 목적이 뚜렷한 '외국어 매체인 영어 그림책'일수록 기억에 남고 효과적인 학습이 될 수 있겠지요.

영어 그림책을 중심으로 한 통합적 교육과정은 영어책을 읽은 후 책의 내용 혹은 관련 주제와 연계된 과학, 수학, 사회, 미술, 음악, 신체활동 등을 거미줄(Web)처럼 연결시켜 배우는 것을 말합니다.

영역을 통합해서 배우게 되면, 그림책에서 배운 개념들이 실생활에서 다시 살아나게 됩니다. 연관된 주제를 가지고, 다양한 영역에서 즐거운 경험으로 반복하다 보면 영어는 더욱 재미있어지고, 아이들은 구체적이고 실질적인 지식으로 영어를 이해하게 됩니다.

✦ 유아영어 더욱 재미있게 가르쳐라!

무엇인가를 얻고자 할 때는 그에 따르는 노력이 분명히 있어야 하지요. 유아영어도 '습득'만으로 배울 수 없고, 그 나름의 학습적인 요소도 반드시 필요합니다.

'무조건 재미있게 영어를 배워라!'가 답이 될 수는 없지만, 외국어 학습에 있어서 '즐거움'은 실제로 교육의 효과를 높여줍니다. 유아들은 집중력이 길지 않기 때문에, 흥미를 유발하는 요소들을 곳곳에 숨겨 놓아야 하지요.

유아를 대상으로 한 영어 전집은 조작하기도 쉽게 만들뿐만 아니라, 심미적으로도 훌륭하고, 기발한 아이디어들로 놀라움을 자아냅니다. 교구까지 완벽한 세트로 구성되어, 어느 누가 보더라도 혹하게 됩니다.

그런데 그렇게 완벽하게 구성될 필요가 있을까요? 아이보다는 주로 엄마들이 전집 구성에 끌리지요. 비싼 영어 풀세트 상품을 사기보다는, 베스트셀러 영어 그림책 몇 권과 엄마가 손쉽게 구할 수 있는 자료들을 공유하거나, 엄마가 조금 더 노력해서 재미있는 영어 교구를 만드는 것을 추천합니다.

몇 번 놀고 버릴지라도, 아이와 충분히 즐겁게 영어 시간을 가지면 그것으로 충분하죠! 유아영어를 가르칠 때는 '내용'에서는 크게 차이가 없지만, '방법'은 엄마의 몫입니다.

어떻게 가르쳐야 아이도 엄마도 행복한 영어 시간이 될까요?

유아들과 영어로 수업을 할 때, 흥미를 높이기 위해 주로 활용하는 방법들은 Songs&Chants, Role Play, TPR, Game 등이 있어요.

아이들은 영어 노래를 통해서 어휘, 구문, 발음, 강세, 리듬, 억양 등을 즐겁게 따라 부르면서 영어에 익숙해지게 되죠.

영어 노래의 종류로는 단어와 관련된 율동을 하는 Action Song, 가

사의 일부 혹은 전체가 반복되는 Repetition Song, 구전동화 마더 구스, 단순한 선율로 빠르게 말하는 챈트, 스토리를 아름다운 음악에 담은 '노부영', '베오영' 등이 있어요.

Role play는 역할극으로 볼 수 있으며, 아이들이 친구들과 함께 참여하며 영어로 의사소통을 배울 수 있어요. 사회적인 관계도 익힐 수 있고, 창의적으로 표현하는 재미를 느낄 수 있습니다.

유아들을 영어 역할극에 참여시키기 위한 보편적인 방법은 대화체의 스토리를 아이들과 배운 후, 역할을 정해서 소품과 의류, 음향효과 등을 준비하고 영어 표현을 암기하여 극놀이를 하는 것이에요. 노래가 있는 뮤지컬도 전체적인 하나의 작품으로써, 훌륭한 영어 역할극이지요.

TPR은 심리학자인 James J. Asher(1997)가 창안한 '전신반응 교수법(Total Physical Response)'으로, 아이들이 교사가 말하는 지시나 명령에 따라 신체적 행동으로 반응하는 것입니다. 언어와 신체활동을 연결시키는 전신반응 교수법은 아이가 능동적으로 참여할 수 있어요.

누리과정의 신체운동·건강 영역과 연계될 때 많은 아이들이 TPR에 적극적으로 참여합니다. 하지만, 소극적이거나 발육이 조금 더딘 아이들에게는 어려운 상황일 수 있으므로 세심한 관심으로 격려를 해주어야 합니다.

Game은 가장 역동적이면서도 아이들의 흥미도를 계속 유지할 수 있는 방법입니다. 집중력이 짧은 유아들은 다양한 상황을 통해 능동적으로 영어를 즐겁게 배울 수 있어요. 또한 규칙 있는 게임은 사회적인 규범도 익힐 수 있는 좋은 기회예요.

외국어로 배우는 게임은 최대한 목표 언어를 익힐 수 있도록 하지만, 앵무새처럼 기계적인 반복을 요구하는 방법은 게임의 흥미를 떨어뜨릴 수 있으므로, 유연하게 게임을 진행해야 합니다.

영어게임 중 대표적인 활동은 Bingo, Body language, Guessing Game, Dice, Memory Game, Picture Pairs, Twenty Questions, Guess 'Who', Giving Direction, Jigsaw Puzzle, Whisper Game, Seven Go, Go Fish 등이 있습니다.

이 모든 활동들 가운데에 엄마 혹은 유아영어 강사만의 개인기가 있으면 더욱 좋겠지요. 영어 교구를 잘 활용하는 것도 상당한 도움이 될 수 있습니다. 그리고 아이들의 관심을 한 몸에 받는 Finger play, 재미있는 라임으로 아이들과 영어의 소리로 놀아보세요.

스토리를 읽어줄 때도 아이들이 흠뻑 빠져들 수 있도록 여러 가지 목소리 톤에 가능한 동화구연을 배우는 것은 어떨까요?

워크시트로 Crossword 하나를 풀더라도, 아이의 눈높이에 맞추어 이해하기 쉬운 단어 카드를 준비하고, 파닉스와 관련된 재미있는 활동들을 꾸준히 연구한다면 아이들에게 사랑을 듬뿍 받는 엄마이자 영어 선생님이 될 거예요.

세계로 가는 날개를
달아주는 영어교육

1
진정한 조기영어 시기는 초등 저학년

✦ 언어의 두뇌가 열리는 시기

언어의 두뇌가 열리는 시기는 단연코 초등 저학년 때입니다. 언어 기능을 담당하는 측두엽은 학령기인 만 6세부터 12세 사이 가장 빠른 속도로 발달합니다. 이때는 측두엽뿐만이 아니라 공간·입체적인 사고 기능을 담당하는 두정엽도 빨리 발달하기 때문에 수학과 물리학적 사고도 할 수 있습니다. 이러한 이유로 뇌과학자들이 만 6세 이후에 본격적으로 한글 학습을 시키는 것이 효과적이라고 조언하는 것이죠.

전문가들은 영유아 시기부터 영어교육을 시작하는 것이 교육적으로도 효과가 크지 않다고 말합니다. 일반적으로 부모는 '영어'만큼은 아이들이 어려서 배워야 한다는 아주 확고한 생각을 갖고 있는데요.

첫째가 초등학교 3학년 4월의 어느 날 가방에서 알파벳 대문자 소문자 따라 쓰는 종이 한 장을 꺼내며 저한테 설명을 해주더라구요. 저는 정말 묘한 기분에 휩싸였습니다.

알파벳 인지를 4살 때 했던 녀석이 6년이 지나서는 알파벳 대소문자를 어떻게 구분하는지, 그리고 어떻게 하면 손글씨로 잘 쓸 수 있는지 분석을 하며 영어가 좋다고 하니, 제가 굳이 그 어린 시기에 애썼던 것은 나만의 욕심이었나 하는 생각이 들었어요.

또 어느 날은 첫째가 "Pat a Cake" 노래를 저한테 한 문장씩 우리말로 분석을 해달라는 거예요. 자기는 꼭 뜻을 알고 싶고 분석을 해야 이해할 수 있다는 말과 함께요.

사실 이 너서리 라임도 첫째가 어릴 적 점토를 만지며 가르쳤던 노래였거든요.

"Pat a cake Pat a cake Baker's man. Bake me a cake as fast as you can. Roll it and pat it and mark it with B. Put it in the oven for baby and me. For baby and me. For baby and me. Put it in the oven for baby and me."

아이는 영어 문장과 그에 따른 우리말 해석을 끝까지 듣고 난 뒤 이렇게 말하더군요.

"엄마 영어 문장은 쉽고 간단한 것 같은데 우리말은 왜 이렇게 복잡한 거야?"

순간 저는 "열 살 큰아이의 언어 뇌가 본격적으로 작동을 시작했구나" 하는 것을 느꼈어요. 아이는 영어의 뜻을 더 잘 이해하고 싶어서 모국어로 분석하려고 했던 것이고, 그 분석이 아이에게는 편하게 느껴지지 않았던 거예요.

그렇다면 이런 질문을 받을 수도 있겠네요. "아이가 이미 열 살이 되었고, 영어를 우리말로 분석하면서 더욱 복잡하고 불필요한 과정이 생겨 오히려 아이의 영어 성장에 방해가 되는 것은 아닌가요?"

저는 영어를 우리말로 분석하는 과정을 통해, 오히려 아이가 영어와 모국어의 차이를 더 빨리 이해할 수 있겠다는 긍정적인 생각이 들었어요. 아이 스스로가 영어를 더 알고 싶어 하는 마음이 자연스레 생기는 것. 모국어 어휘력이 양적·질적으로 엄청나게 늘어나고 있어서, 그만큼 아이가 영어를 이해할 수 있는 범위 또한 넓어지고 있는 것이죠.

오히려, 준비도 되지 않은 뇌를 억지로 작동시키는 조기영어가 훨씬 심각한 문제를 초래한다고 생각해요.

송재환 선생님께서는 《초등 1학년 책읽기가 전부다》에서 아이들의 어휘력이 폭발적으로 느는 빅뱅의 시기가 바로 초등학교 시절이라고 했습니다. 10세 전후로 매해 약 5,000단어를 습득한다는 통계를 보면서 정말 놀라웠습니다. 아이의 측두엽 발달과 어휘능력 발달은 이렇게 눈에 보이는 드라마틱한 성장률을 보여주는 것이죠.

부모는 아이들에게 책을 읽을 수 있는 환경을 제공해야 하고, 책 속에서 지식을 쌓는 만큼 책 밖의 세상에서 그 지식을 써먹을 수 있어야 합니다. 계속해서 아이에게 생각할 질문을 던져주세요.

✦ 영어를 잘하고 싶다는 욕구가 중요하다

　코칭맘스쿨의 저서 《사교육 없이 대학 보내는 자기주도 학습교과서》에는 영어를 '언어'로 인식하면 미지의 세계, 새로운 문화로 아이들을 안내하는 '다리'가 되어 그 너머의 있는 넓은 세계로 시선을 돌릴 수 있다고 했습니다. 더욱 중요한 것은 세상 밖을 향한 '동경'의 마음은 영어를 잘하고 싶다는 '동기'를 필요로 한다는 것!

　영어를 언어로 배운다는 것은 첫째로 의사소통을 할 수 있도록 환경을 열어주는 것이에요. 아이가 "영어를 배우고 싶다", "영어를 잘하고 싶다"는 욕구를 느끼게 하는 것이 영어교육의 가장 중요한 핵심이 아닐까요?

　영어로 의사소통을 잘하고 싶다는 마음이 들면 아이는 스스로 영어를 배우기 위해서 많은 노력을 기울일 것입니다.

　한 다큐멘터리에서 어느 한국인 교포가 유창한 발음으로 초등학생들에게 '강남역'으로 가는 방법을 영어로 물어보는 것을 본 적이 있습니다. 예상대로 저학년 아이들은 대화가 불가능했고, 고학년 아이들은 가는 방법을 설명하려 노력은 했지만 누구 하나 제대로 된 영어 문장을 말하지 못했습니다. 저는 조금은 과장된 듯한 이 장면에서 두 가지를 느꼈습니다.

물음 1. "우리 아이들은 영어를 의사소통의 도구로 배우지 못했다."
↓
→ 솔루션 : 의사소통 중심의 영어를 아이들에게 경험하게 하자.

물음 2. "영어로 자신의 생각을 제대로 말하지 못하는
아이들은 어떤 감정을 느낄까?"
↓
→ 솔루션 : 영어를 잘하고 싶다는 욕구가 생기도록 자극을 주고
영어를 할 수 있다는 자신감을 심어주자.

《놀면서 하버드 들어가기》에서 김정수 선생님은 사람들이 어떤 자극이나 감동을 받는 것이 공부를 잘하게 되는 계기라고 하였습니다.

아이는 스스로 하고 싶은 마음이 생겼을 때, 그리고 영어에 대한 호기심이 생기고 영어로 의사소통을 정말 잘하고 싶은 욕구가 들 때, 내적 동기가 생겨서 결국에는 영어를 잘하게 됩니다.

너무 어린 연령의 아이들은 이런 판단을 하는 것이 어려울 수밖에 없어요. 그리고 이 시기에 우리가 더욱더 신경 써야 할 것은 '도구'로써의 영어! 왜 영어를 배워야 하는지를 자발적으로 깨닫는 과정이 필요합니다.

더 정확하고 의미 있는 영어를 배우고자 하는 욕구가 아이의 내면에 생기도록 교사와 어른들은 지속적으로 아이에게 영어를 쓸 수 있는 상황을 마련해주어야 합니다.

아이가 단어 스펠링을 정확하게 알아맞혀 테스트에 통과하는 것보다

대한민국 학생 누구나 마음먹으면 영어를 잘할 수 있다는 사회적인 전환, 즉 영어 자신감을 아이들에게 심어주는 것이 절실히 필요합니다. 영어를 잘할 수 있다는 자신감을 아이들에게 꼭 심어주세요.

축구 선수 손흥민과 테니스 선수 정현의 영어 인터뷰를 보신 적이 있으신가요? 그들은 먼저 운동 실력을 열심히 쌓은 후, 해외에 진출해서 영어가 절실하게 필요한 상황에서 필사적이고도 효율적으로 영어를 배웠습니다.

그들에게는 운동실력을 세계 최고로 키우는 것만큼, 영어도 더 큰 세상을 향한 강력한 도구란 것을 알았기 때문이죠.

✯ 다개국어를 시작하기 전에 알아야 할 점들

우리는 왜 어린 자녀들에게 다개국어의 환경을 열어주어야 할까요?

저는 결국 인간과 인간을 넘어선 세상 만물과의 하나됨, 즉 'Oneness'라고 생각합니다. 언어의 교집합 속에는 결국 사람과 사람의 마음이 이어져 있지요.

이제 사회는 폰 하나로 전 세계와 소통할 수 있는 장이 마련되었습니다. 다양한 사람들을 친구로 사귈 수 있으며, 세계 곳곳에서 발생하는 사건 사고들, 인종에 상관없이 누구나 한마음으로 감동받는 따뜻한 이야기, 세계 각국의 긴장을 유발하는 정책들, 지구 반대편의 부조리하고 부패한 비리, 코로나 19처럼 전 세계적으로 바이러스와 싸우는 일까지 실시간으로 공유가 되고 있어요.

아이가 더 많은 언어를 알게 됨으로써 머릿속에 여러 개의 언어 기둥이 세워지면 좋은 점도 물론 있습니다. 단지 두 개 이상의 언어를 구사한다는 것에 그치지 않고, 창의력, 사고의 유연성 등 여러 지적 능력 발달에 도움이 된다는 연구결과들도 많이 있어요.

다개국어를 유아에게 가르쳐야 할 때 세 가지를 생각해 보시길 바랍니다.

첫째, 다개국어를 하는 목적은 과연 무엇인가?

다개국어를 시작하는 것은 사실 큰 고민 없이 할 수 있습니다. 마음만 먹으면 다개국어 음원 자료를 내려 받을 수 있고, 커뮤니티에서 진행하는 공구로 여러 가지의 언어로 제작된 책, DVD 등을 구입하기가 쉬워졌어요.

옆집 아이가 영어 말고도 다른 언어를 말하는 것을 보고, '내 아이라고 못 할소냐!' 하는 경쟁심리가 작동합니다. 일단 시작은 했으니 여러 가지 언어를 아이에게 들려주고, 엄마도 같이 공부하면서 우리 아이가 더욱 글로벌하게 자랄 수 있도록, 새로운 언어를 계속해서 찾아냅니다.

아이가 더 많은 개수의 외국어를 배우는 것에서 희열을 느끼는 것은 엄마의 목표입니다. 다개국어 시작 전에 깊은 고민을 해 보고 여러 가지 사례를 살펴보는 엄마는 나은 편이죠.

내 아이가 언어 지능에 두각을 나타내고, 새로운 언어에도 관심을 보인다면 그것을 좋은 신호로 여기고 새로운 언어를 하나씩 하나씩 추가

해 가며, 꾸준히 한다면 좋은 결과를 가져올 거예요. 그러나 다개국어를 너무 일찍 시작하는 경우 한꺼번에 여러 가지 언어로 자극을 주면 영유아 시기 꼭 필요한 모국어 비중이 줄어들어 결국엔 득보다 실이 많을 수가 있어요.

둘째, 모국어가 사고의 언어로 확실히 자리를 잡았는가?

옥스퍼드대 언어학과 교수인 조지은 교수는 경향신문 인터뷰에서 "아이의 언어습득은 2.5~3세에 최고 절정에 도달한다. 그러나 '사고의 언어'가 형성되기 전 여러 언어에 일관성 없이 노출되면 오히려 '모국어'를 잃어버리는 역효과까지 생길 수 있다"라고 말했습니다.

모국어는 아이의 전 생애를 지탱하는 언어인 동시에 사고의 큰 뿌리입니다. 언어는 연결고리가 있기 때문에, 우리말 뿌리가 튼튼한 아이가 외국어도 더욱 수월하게 배울 수 있어요. 부모의 조급함 때문에 가장 중요한 영유아 시기, 모국어 성장에 혼란을 주어서는 안 됩니다.

외국어도 결국 같은 '내용'을 다른 형태의 언어로 '표현'할 뿐이지, 그 그릇 안에 담긴 생각은 같지요. 모국어로 많은 생각을 하고 풍부한 배경지식이 쌓여 있을수록 외국어를 더욱 잘 받아들일 수 있습니다. 아이들에게 외국어를 가르칠 때는 반드시 모국어의 안정과 확장을 꼭 염두에 두셨으면 합니다.

셋째, 인지 능력보다 정서 지능을 생각해라!

0~3세는 감정과 정서 발달이 가장 중요한 시기입니다. 우남희 동덕

여대 아동학과 교수는 "4세 이전에 외국어 조기교육을 한 그룹과 7세 이후에 한 그룹을 비교한 결과 4세 그룹에서 교육의 효과가 적었다"며 "반면 조기교육 과정에서 받는 과도한 스트레스가 아이들의 뇌세포 분열을 억제하고 학습과 인지기능을 손상시켰다"고 설명했습니다.

서유헌 서울대 의대 교수도 "무리한 독서, 언어교육, 카드학습처럼 일방적이고 편중된 교육은 효과가 없고 오히려 정서 장애로 연결되는 경향이 많다"고 지적했습니다.

우리 아이들의 마음을 자신의 제1 언어로 마음껏 표현할 수 있게 해주세요.

조금만 더 기다리고 지켜봐줄 수 있는 여유와 인내심으로 아이들이 더욱더 행복한 대한민국이 되었으면 좋겠습니다.

2
세계를 무대로 하는 인재 키우기

✦ 다독, 정독, 속독, 지독, 미독, 오독…
책 잘 읽는 아이로 키우자!

'영어'를 배운다는 것은 모국어 외에, 다른 언어를 '이해'하는 것입니다. 모국어는 삶의 큰 부분을 차지하면서도, 그 중요함이 간과되거나 때로는 '외국어 능력'에 가려서 무시당하는 경우도 많지요.

아이와 끝말잇기를 할 때가 있어요. 저희 첫째는 "어휘력이 뛰어나다"라는 말을 자주 들어요. 초등학교 1학년 때부터 3학년 때까지 한결같이 담임선생님들께서는 아이가 또래들이 사용하지 않는 단어를 사용해서 놀랄 때가 있다는 말씀을 해주셨어요. 선생님들께서는 아이가 가정에서 책 읽기를 어떻게 하고 있는지 궁금해하셨어요.

아이가 말하는 것 자체를 좋아하는 성격이지도 하지만, 하교 후 가정에서 저와 대화를 많이 나누는 편이에요. 초등학교 4학년이 된 지금도, 저희 부부는 큰아이에게 책을 읽어주고 있어요. 아이들에게 사랑을 주는 것만큼 책 읽는 환경을 조성하는 것도 제게는 중요한 역할이에요.

예전에는 대부분 새 책을 들였지만, 세 아이를 키우다 보니 매번 새 책을 살 수는 없었어요. 그렇게 첫째가 어렸을 때 읽어왔던 책들이 그대로 아이 곁을 맴도니, 첫째가 책 한 권을 반복하는 횟수는 정말 셀 수 없을 정도가 되었어요. 지금은 책을 살 때도 새 책보다는 중고로 구하고 있어요.

초등학생이 읽을 만한 단행본은 독서 관련 사이트에서 후기를 보거나, 전문가 혹은 출판사의 추천을 참고로 해서 구매하고 있어요. 아이가 좋아하는 책은 한 권을 꼼꼼히 읽고, 더욱더 파고들어 확장시키는 정독도 중요하다고 생각해요.

저희 집에는 신화와 전설, 탐험, 모험, 역사, 문학, 과학, 위인전, 수학, 창작, 인성, 감정, 전래, 예술, 생활동화, 자연과학 등 많은 책들이 사방에 널려 있어요. 배경지식을 골고루 넓혀줄 수 있는 책들을 아이가 접할 수 있게 해주는 엄마의 노력이 필요하겠지요. 독서 활동도 때에 따라서는 중요합니다.

한 권의 책을 읽고 난 후, 아이의 '생각'과 '느낌' 그리고 '앎'을 정리해 보는 과정에서 아이는 더욱 기억을 강화시킬 수 있으며, 결국 아이만의 '사고력', '판단력'을 기르게 되는 것이죠. 대기업에서도 인재를 뽑을 때 인문학적 소양을 더욱 고려한다고 해요. 풍부한 독서를 통해 사회의 현상을 바라보고, 계속해서 의문을 품고, 나만의 이야기를 쌓아가는 것은 정말 중요한 일이에요.

3학년 때 아이와 팝송으로 영어 노래를 배울 때였어요. "I can open

your eyes." 이 문장이 "마음의 문을 열면"으로 번역이 되어 있었어요. 그때 첫째가 can 용법을 학교 영어 시간에 한창 배우고 있었거든요. 첫째는 이 문장을 "당신의 눈을 열어 드리겠습니다!"라고 해석을 했어요. 아이는 그 번역이 잘못된 것은 아닌지 궁금해했어요.

저는 영어 문장을 우리말로 "직역"을 하게 되면, 어색한 문장이 될 수도 있다는 설명을 해주었어요.

"마음의 문을 열면"이라는 시적인 우리말 표현이 얼마나 멋진지도 서로 이야기해 보았구요. 바로, 그런 차이를 이해하며 외국어를 배우는 것이 중요한 것 같아요. 저는 아이가 폭넓은 독서를 하면서 배경지식만 넓히는 것만을 바라지는 않아요. 그 풍부한 상식 속에서 세워지는 우리 아이만의 '가치 세우기' 사실 그것이 가장 큰 목표입니다.

요즘 우리가 접하는 매체에서는 '외국어 능력'을 많이 강조하는 듯 보여요. '모국어'를 바탕으로 한 '외국어'를 배워야, 아이 스스로 외국어에 대한 가치 판단을 경험할 수 있어요. '외국어'로 '의사소통'에 능통할 경우 아이의 삶이 더욱 윤택해질 수 있다는 사실은 부정하지 않겠습니다.

다만 몇 개 국어를 구사하는지, 얼마나 많은 사람들과 소통을 하는지, 더 좋은 직업을 가졌는지를 뛰어넘어서 여러 언어로 자신만의 '가치 기준'을 세우고, 더 품격 있는 삶을 살 수 있도록 이끌어주고 싶어요. 그런 면에서 다독은 '목표'가 아닌 '과정'으로써도 중요합니다.

읽은 책의 '권수'가 목표가 아닌, 다방면의 책을 읽는 다독은 이해력을 높여주고, 속독이 가능하게 합니다. 속독은 책의 내용을 잘 파악하면서 동시에 빨리 읽는 법입니다. 속독을 하게 되면 시간 절약도 할 수 있고,

지문을 빨리 이해하게 되면 사고력도 자연스럽게 확장됩니다. 주의할 점은 속독만을 훈련하는 방법은 아이들에게 독서를 어렵게 만들 뿐이라는 것.

속독의 반대 개념인 '슬로리딩'도 정말 좋은 방법이라고 생각해요. 슬로리딩 중에서도 한 권의 책을 최대한 천천히 읽는 지독(遲讀)이 있고, 모르는 것이 전혀 없이 완전히 이해하는 경지에 이르도록 책 한 권을 철저하게 음미하는 미독(味讀)이 있어요. 천천히 시간을 가지고, 책의 글자 하나하나를 음미하며 읽으면 보이지 않았던 사실들을 알 수 있게 됩니다. 책에 완전히 몰입해서 하나의 낱말에 빠져보고, 단어와 문장 하나를 이해할 때 그 속에 포함된 문화와 역사, 시대 등을 읽을 줄 아는 능력도 중요한 것 같아요.

2015년 개정교육과정 '한 학기 한 권 읽기'도 책의 일부만 실린 교과서가 아닌, 책 한 권 전체를 읽고 그 의미를 이해하는 슬로리딩의 한 형태입니다.

일본 고베시 나다중·고등학교의 하시모토 다케시 선생님은 교과서 대신 《은수저》라는 일본 고전 소설 1권으로 무려 3년간 국어 수업을 진행했는데, 그 결과 일본 내 명문대 합격자 수 1위를 기록했다고 합니다. 성공적인 자리에 가게 된 많은 그의 제자들이 바로 이 '은수저 수업'에서 배운 것들이 진정한 앎의 과정이었다고 말하며, 인생을 살아가는 힘이라고도 하였습니다.

교과서를 제외하고 소설을 읽기로 한 하시모토 선생님의 의도는 "모르는 것 없이 완전히 이해하는 경지에 이르도록 책 한 권을 철저하게 음미하는 것"이었어요. 결국, 독서의 힘은 주체적으로 생각하는 능력을 기르는 것에 있는 것이겠죠.

슬로리딩을 하다 보면 '오독'이라는 개념을 만나게 됩니다. 작품을 쓴 작가의 의도와는 다르게 '독자가 잘못 읽는다'라는 뜻일 수도 있겠지만, 그보다는 독자인 내가 나만의 시선으로 작품 속에서 흥미로운 내용을 발견할 수도 있다는 개념입니다. 바로 이 '오독'이 슬로리딩이 빛을 발하는 순간으로, 나만의 생각으로 새로운 것을 창조하고 내 삶이 풍요로워지는 것이지요.

이렇게 다양한 방법으로 책을 풍부하게 읽는 과정을 거친다면 인생을 주도적으로 살 수 있는 힘을 기를 수 있고, 21세기가 바라는 인문학적 소양을 겸비한 인재에 더욱 가까워질 것입니다.

✦ 즐겁게 시작해서 원대한 꿈에 이르는 다개국어 교육

저는 서른 살 이후에 일본어를 시작했어요. 제가 일본어를 공부한 이유의 50%는 아이들의 다개국어 환경 만들기, 나머지 50%는 새로운 언어에 대한 저만의 도전이었습니다.

저는 거실에서는 어학기로 주방에서는 제 스마트폰으로 일본어를 거의 매일 듣고 있어요. 가끔 첫째가 와서, 제가 듣는 방송 중 나오는 소리를 콕 집어서 무슨 뜻인지 물어보기도 해요. 엄마의 일본어 청취 시간이 자연스레 저희 아이들에게 영향을 끼치게 되었어요. 외국어와 우리말의 소리 차이를 인지하는 것은 굉장히 중요하고 흥미로운 작업입니다.

그렇게 일본어 소리를 거의 매일 들으면서, 첫째에게 조금씩 주변 사물들을 일본어로 가르쳐주기 시작했어요. 아이가 놀이할 때, 가끔 일본어가 튀어나오기도 해요. 그렇게 소리에 익숙해지고, 아이가 먼저 일본어 공부를 해 보고 싶다고 말을 했어요. 영어만큼의 비중은 아니지만, 일본어도 교재로 규칙적으로 배우기 시작했어요.

아이가 히라가나로 된 단어를 읽을 때, 일본어 특유의 소리를 살려서 읽는 모습에 '소리노출'이 얼마나 중요한지 알게 되었습니다.

남편이 일본에 갈 기회가 생길 때마다, 동화책을 사오라고 부탁했어요. 그림책이 워낙 쉬운 내용이라서 제가 일본어로 읽어주기 시작했어요. 사운드 북도 효과적일 것 같아, 남편한테 소리가 나는 책이면 다 사오라고 했지요. 전화번호를 누르면 경찰차, 소방차, 구급차 음성메시지가 나오는 책, 귀여운 캐릭터가 율동을 하며 생활동요가 나오는 책, 디즈니 공주 캐릭터 노래 책, 히라가나, 가타가나 음가를 조합해서 단어로 들려주는 책, 자동차 운전 책, 일본어 동요가 나오는 피아노 책….

책과 놀면서 아이들이 일본어 특유의 소리에 조금씩 익숙해지게 했어요. 사운드 북 대부분의 소리는 단어든 문장이든 세 아이들 모두 잘 따라 하게 되었어요.

재미있는 사실은 간단한 이미지와 소리의 매칭은 세 아이들도 잘 이해하고 있었다는 점인데, 첫째는 "의미 해석"이 잘 안 되는 경우, 저한테 소리와 뜻을 묻는 질문을 했어요. 질문을 할수록 첫째는 일본어에는 한국어만큼 받침 글자가 없다는 것을 이해했고, 일본어 단어 확장을 더욱 넓혀 나갔어요.

《The Hungry Caterpillar》라는 동화책은 아이들이 영어책으로 먼저 접했기 때문인지, 같은 동화책을 일본어로 읽으니 더욱 좋아했어요. 일본어 표현이 무더기로 쏟아져 나오는 그림 동화책은 아이의 흥미를 유지하기에 최고의 도구입니다.

그러던 중 유튜브로 《배고픈 애벌레》 일본어 버전을 노래로 배우게 되었는데 정말 흥미도가 200% 커지는 느낌이었어요. '배가 고프다'가 일본어로 'おなかが ぺこぺこだ'인데, 38개월이었던 셋째가 《배고픈 애벌레》를 보고 "배꼬배꼬" 책이라 부를 때는 정말 귀여웠어요. 이 동화책에는 요일이 일본어로 나오거든요.

월(げつようび), 화(かようび), 수(すいようび), 목(もくようび), 금(きんようび), 토(どようび)….

각 요일의 발음은 "게츠요비(월)", "카요비(화)", "스이요비(수)", "모쿠요비(목)", "긴요비(금)", "도요비(토)" 이렇게 전개가 돼요.

첫째는 각 요일에 대한 소리와 의미를 몇 번 듣고는 금방 이해를 했어요. 둘째는 소리는 다 알지만, 아직 요일의 의미를 정확히 몰랐거든요.

가정보육을 할 때는, 아빠가 쉬는 토요일과 일요일이 항상 아이의 기준이 돼요. "엄마 오늘이 무슨 요일이에요?" 하는 질문은 가끔씩 했어요. 둘째에게 제가 "월요일은 げつようびらだ" 하고 알려주는 건 크게 의미가 없다고 생각해요.

4살 때 셋째는 일본어로 '게츠요비'부터 '도요비'까지 제일 정확하게 발음했어요. 정작 그 뜻이 무엇인지는 전혀 몰라도 아이는 즐겁고 신나게 따라 합니다.

마지막에 애벌레가 번데기에서 나비가 되면서, "チョウチョウ"라는 단어를 알게 된 아이들에게, 그다음에는 〈나비야 나비야〉 노래를 일본어 버전 영상으로 보여주었어요. 유아 시기에는 이런 외국어 소리를 자연스럽게 엄마와 들으면서, 친근하게 느끼는 것이 중요해요. 그런 소리 노출에 익숙해지면, 초등시기에는 훨씬 쉽게 외국어 '학습'을 시작할 수 있습니다.

일본어 소리 노출은 엄마의 계획이었지만, 동화책 읽어주기, 사운드북 조작하기, 그리고 영상으로 옮겨가면서 아이들은 거부감을 보이지 않았어요. 인풋을 강요하거나 공부로 접근한 적이 없었고, 무엇보다 세 아이 모두 엄마와 함께하는 일상 속에서 일본어는 그냥 자연스럽고 신기한 소리였어요.

아이들에게 일본어의 "소리 환경"을 가장 먼저 열어준 것이 저희집 다개국어의 첫 단추, 즉 1단계였어요. 여기서 서서히 우리말 뜻과 일본어의 "매칭"이 이루어지고 히라가나와 가타카나를 배워서 어휘를 확장하는 것이 다개국어의 2단계가 되겠죠. 제가 생각하는 3단계는 일본어로 애니메이션도 보고, 일본어로 의사소통이 가능한 정도입니다. 4단계는 아이가 더욱 일본어에 대한 갈증을 느껴서 일본어를 본격적으로 '학습'하여 일본어로 생각해 보고, 일본어로 자신의 생각을 말할 수 있는 모든 노력과 시간을 포함합니다. 5단계는 조금 더 상위개념으로 일본어를 전공하거나, 일본에 체류한다거나, 일본어와 관련된 직업에 종사하는 등,

전문가 수준의 일본어 구사자라고 할 수 있겠습니다.

　방송인 조혜련 씨는 일본어를 전혀 모르는 상태에서 일본에 진출한다는 목표를 세웠어요. 워낙 일본어 실력이 부족했기에 일본의 한 프로덕션에서는 6개월의 시간을 줍니다. 6개월 동안 조혜련 씨는 일본어 공부를 위해서 하루 100단어를 외우면서 매일 아침 7시부터 10시까지 하루 3시간씩 일본어 수업을 했다고 하네요. 스스로도 독종이라고 부를 만큼 조혜련 씨는 그 어렵고 힘든 외국어 공부를 시작하면서 자신만을 위해서가 아닌 다른 사람들에게 용기를 주기 위해 고된 시간을 이겨냈습니다. 그녀는 많은 한국인들이 일본어 만년 초짜로 사는 것은 "왜 일본어를 공부하려고 하는가?"를 생각하지 않기 때문이라고 했어요.

　저도 세 자녀를 포함한 많은 아이들에게 외국어를 배우는 '목적'을 세우는 것을 도와주고 싶어요. BTS의 RM은 엄마가 DVD를 사줘서 계속 시청했고, 미국 드라마 〈프렌즈〉를 보며 영어를 배운 것이 큰 도움이 되었다는 인터뷰를 한 적이 있어요.

　우리의 자녀들이 "BTS"뿐만 아니라 16세 스웨덴 환경 운동가 "그레타 툰베리"처럼 세계적 리더가 되는 것을 다개국어의 목표로 원대한 꿈을 심어주는 것은 어떨까요?

✦ 4차 산업혁명 시대! 호기심과 영어 모두 잡아라!

　1990년경 미국에서 시작된 STEAM 교육〈과학(Science), 기술

(Technology), 공학(Engineering), 예술(Arts), 수학(Mathematics)〉은 이제 4차 산업 혁명시대 메이커교육을 만났습니다.

메이커 교육이란 학습자가 직접 물건을 만들어 보는 것 혹은 전자기기 등을 활용해 창의적으로 문제해결 능력을 발휘하여 새로운 결과물을 만들거나 발견하는 교육을 말합니다.

스팀교육은 미래를 살아갈 아이들에게 꼭 필요한 융합적 해결능력을 기르는 것을 목표로 합니다.

아이들은 기존의 지식 위주의 낡은 패러다임에서 벗어나, 스스로 만들고 싶은 것을 만들고 실패해도 계속해서 도전하는 끈기를 배워야만 해요. 미래시대에는 4C라고 불리는 비판적 사고력(Critical Thinking), 창의력(Creativity), 소통능력(Communication), 협동능력(Collaboration) 외에도 사회정서적 소양 SES(Socioemotional Skills), 즉 지능지수(IQ)와 감성지수(EQ)를 결합한 능력이 요구됩니다.

4차 산업혁명으로 재래식 일자리는 소멸하지만, IT 산업에서 생성되는 새로운 일자리도 엄청날 것이라고 합니다. 고용노동부는 2030년까지 80만 명이 직업을 잃고, 92만 명이 새 일자리를 찾을 것으로 전망했습니다.

운송·서비스·제조업 등 전통적인 직업군의 일자리 감소는 불가피하지만, 정보·통신·공학·과학 등 코딩이 핵심인 소프트웨어 관련 일자리는 크게 늘 수밖에 없습니다. 이미 북유럽에서는 공교육차원에서 코딩교육을 도입하려는 노력을 하고 있어요. 스웨덴은 초등학교 1학년부터 학교에서 코딩을 가르치고 있습니다.

오바마 전 미국 대통령은 재임시절 코딩은 개인뿐 아니라 나라의 미래가 달린 문제라고 했습니다. 우리나라는 2018년부터 중학교 코딩교육 의무화가 시작되었으며, 2019년부터 초등학교 5~6학년 학생들이 의무로 코딩수업을 배우게 되었지만 공교육 인프라가 정말 미비한 실정이라고 하죠.

구글 본사에 입사한 한 한국인은 오픈소스 활동을 하면서 영어 실력이 많이 늘었다고 했습니다. 우리의 아이들이 영어로 미래의 기술들을 배운다면, 국내뿐만 아니라 해외에서도 인정을 받겠지요.

미래시대에 요구되는 능력은 바로 '호기심'을 바탕으로 합니다. 형식적 조작기인 초등기에 들어서면, 추상적인 사고가 가능하므로 STEAM 교육을 영어로 배우는 것이 가능합니다.

영어로 몰입 수업을 하는 것도 중요하지만, 그 전에 모국어로 충분히 호기심을 확장시키는 과정이 중요해요. 모국어로 이해한 개념과 원리 등을, 영어로 배우게 된다면 아이들은 호기심과 영어 실력 이 두 가지를 얻을 수 있어요.

가장 중요한 것은 호기심으로 시작해서 문제 해결력을 기르는 것입니다. 아이들이 실패해도 계속해서 도전할 수 있도록 격려해주세요. 호기심이 일어나는 순간을 부모가 놓치지 않고 어른의 도움을 받게 하거나 혼자서 깨달을 수 있도록 이끌어주어야 합니다.

아이들의 호기심을 키우기 위해 꼭 필요한 4가지 요소가 바로 자연, 독서, 질문과 대화, 놀이와 유머라고 해요. 스티브 잡스의 호기심은 유별났다고 하지요. 무엇보다 새로운 것에 흥미를 느끼면 그 대상에 집요하게 파고드는 기질이 굉장했다고 합니다.

IT 업계에 진출해서 세계적인 무대에 선 한국인들은 하나같이 입을 모아, 한국인들의 뛰어난 능력이 영어 실력에 묻힌다고 아쉬워합니다. 영어로 생각하는 힘을 기르기 위해서는 우선 다양한 분야의 체험과 독서가 필요합니다. 자녀가 어릴수록 모국어로 최대한 많은 세상을 탐구해야 합니다. 특히, 자연은 아이들에게 세상으로 향하는 통로이자 호기심의 천국입니다. 한국어가 모국어이고, 대한민국에서 자라는 아이라면 당연히 모국어로 다양한 경험을 쌓아야 해요. 영어가 우선이 되어 몰입 교육을 유아기부터 시킨다면, 아이는 수많은 '호기심'의 순간들을 놓쳐 버릴지도 모릅니다.

초등학교 시기는 모국어가 단단히 세워졌기 때문에 여러 과목에 영어를 접목시키는 것이 가능합니다. 다양한 다큐멘터리를 아이와 영어로 함께 보며 끊임없이 대화를 해 보세요. 부모님은 우리말로 소통해도 괜찮아요. 중요한 것은 대화의 '질'과 '깊이'입니다. 아이는 부모가 마련해 주는 영어 환경에서 자신만의 속도와 방향으로 나아갈 거예요. 전 세계에서 흥미로운 주제로 다양한 콘텐츠들이 만들어지고 있습니다.

앞서 말씀드린 대로, 스트리밍으로 언제 어디서나 실시간으로 볼 수 있으며 큰 비용이 들지도 않아요. 수학, 과학, 사회, 예술 등에 대한 도서를 꾸준히 읽도록 도서 환경을 조성해 주세요. 과학의 원리 등은 아이와 함께 집에서 꾸준히 실험을 하는 것도 좋은 방법이에요. 기초적인 Material 등은 미리미리 준비해주시는 것이 좋습니다.

지금은 5세가 된 막내는 애니메이션 〈바다탐험대 옥토넛〉에 푹 빠져 있는 시기예요. 유튜브에서 '옥토넛 탐험선 장난감 리뷰'를 영어로 보게 되었는데, 욕조에 물을 담고 탐험선마다 하나씩 하나씩 부품을 보여주고 설명해주더군요. 이 크리에이터 덕분에 탐험선의 구조와 물에 뜨는 원리까지 배울 수 있었어요.

유튜브로 연결된 세상에서 영어로 누릴 수 있는 정보들은 우리 아이들에게 귀한 보물이 될 수 있어요. 평상시 아이가 관심 있어 하는 분야를 부모가 눈여겨보고, Hands-on Projects 등을 준비해주세요. 소셜 미디어에는 전 세계 아이들을 대상으로 한 홈스쿨 프로젝트들이 존재합니다.

스팀을 주제로 하는 영어교재를 활용하는 방법도 좋아요. 분석(Analyze), 해결(Solve), 확인(Identify), 차이(Difference), 창조(Create) 등 비판적 사고력(Critical Thinking)을 키울 수 있는 많은 방법을 부모가 먼저 발굴해서 노력해야 합니다. 다방면의 지식을 얻기 위해, 부모부터 꾸준히 독서를 해야만 해요. 아이들의 호기심은 부모님과의 대화에서 싹트기 때문입니다.

부모가 아이의 질문에 일일이 답을 할 필요는 없지만 아이의 비판적 사고를 이끌어주기 위해서 '왜'라는 질문을 적재적소에 해야 합니다. 아이의 숨어 있는 잠재력이 무한하게 커지는 데는 부모의 역할이 정말 중요해요. 유아 시기에는 모국어로 충분히 대화를 나누며, 영어는 쉽고 재미있는 활동으로 접하게 도와주세요. 연령이 낮아질수록 모국어의 반경도 좁아지므로, 쉬운 영어를 아이와 함께 배워 보세요.

초등 시기가 되면, 영어로 'Content'를 배울 수 있도록 지적인 자극을 주며, 영어 환경을 활짝 열어주어야 합니다.

3
시작과 끝이 너무 다른 대한민국 영어교육

✈ 영어는 하루아침에 이루어지지 않는다

우리는 어린 연령을 대상으로 한 영어교육의 목적이 '영어 말문 터지기'라고 인식하고 있어요. 영어 학습기관은 더 나아가 어릴 때부터 영어의 읽기와 쓰기를 강조합니다.

중·고등학생을 대상으로 한 영어 사교육 시장에서 '영어 말하기'를 광고하는 곳은 거의 보지를 못했습니다. 대부분의 중·고등 영어 학원에서는 영어 내신을 비롯한 영어 어휘력, 영어 문법, 영어 독해력에 주 안점을 두고, 최종적으로 수능영어를 대비하고 있지요.

어릴 때는 누구나 다 영어를 '생활화'할 것처럼 난리법석을 부리다가 중·고등학교 6년간은 몇십 년 퇴보한 이상한(?) 나라에서 아이들을 과거의 방식과 비슷하게 영어를 '공부'로 가르칩니다. 그러다 성인이 되고 나서야, 아차!!! 진짜 살아 있는 영어가 얼마나 필요한지 절감하게 되지요.

저는 유아기에 '말하기' 능력을 강요하는 것을 우려합니다. 사실, 영어라는 외국어를 배우기 위해서 정말 필요한 것은 '어휘력'이거든요. 이 어휘력은 무작정 인풋을 많이 한다고 해서 늘지 않아요.

'빙산 이론'은 캐나다 토론토 대학의 커민스 교수가 발표한 것인데요. 이 이론은 인간이 지닌 잠재적인 언어기반을 토대로 모국어와 외국어를 모두 학습할 수 있다는 것이 핵심입니다.

바다 위에 떠 있는 서로 다른 빙산 조각은 사실 물 표면 아래 깊숙한 곳에서 거대한 덩어리로 연결되어 있다는 원리로, 거대한 얼음 덩어리가 바로 '공통된 언어 능력'을 뜻합니다. 모국어 수준이 외국어 수준을 훨씬 더 능가하게 되는 것은 자연스러운 현상이며, 이 모국어 능력이 결국 외국어를 배우는 데 결정적인 역할을 한다는 것입니다.

어릴 때 모국어보다 외국어인 영어에 더욱 많은 비중을 두면, 그만큼의 기회비용이 모국어에서 발생하고, 결국 아이는 모국어 학습 시기를 놓치게 되죠. 그렇게 되면 모국어 사고력이 저하되기 때문에 영어 능력도 자연스럽게 떨어집니다. 영어 아웃풋을 유아기에 너무 강요하면, 결국 모국어의 성장을 가로막는 꼴이 됩니다.

유창하고 난이도가 높은 콘텐츠를 어린 연령의 자녀가 배운다고 자랑스러워할 필요가 없어요. 유아기의 사고력은 분명한 한계가 있기 때문이죠.

초등시기에 영어 어휘력을 다지고, 재미있는 영상물을 접하고 시험보다는 즐거운 활동으로 영어를 배우면 충분히 그 시기 영어를 '습득'할 수 있어요. 영어의 학습이 이루어지는 중·고등 시기에는 시험용 암기가 아닌, 조금 더 깊은 영어 어휘력 강화와 내면의 양식이 되는 영어책 읽기, 교양을 쌓을 수 있는 영어 영상물을 꾸준히 접해야 '진짜' 영어 실력을 높일 수 있습니다.

제가 이렇게 말씀드리면, 참 한가한 소리 한다고 생각하실 수도 있어요. 그렇지만, 영어는 하루아침에 이루어지는 과목이 아닌 '언어'라는 점에 주목을 하시면 '꾸준히' 가야 한다는 점에는 동의하실 거예요.

참 옛날 일이지만 저는 어학실이 잘 갖춰진 고등학교에 다녔는데요. 고등학생이다 보니 수능영어 독해에만 집중을 하느라 어학실을 이용할 수 있는 시간은 많지 않았어요. 중학교 때는 그냥 교실에서 선생님이 카세트 플레이어를 가지고 음원을 '재생, 멈춤' 하시며 다 같이 기계처럼 듣고, 따라하는 활동만 했었죠. 그런데 고등학교 어학실에서 영화 〈바람과 함께 사라지다〉를 본 것은 너무도 생생하게 남아 있어요. 문학 작품으로도 가치가 있는 영화를 보면서, 정말 여주인공에 몰입된 기분이란! 그래서 저는 아이들이 십대가 되면, 위대한 고전 작품들을 영어로 함께 보며 이야기 나누고 싶어요. 영어 원서를 읽는 목적에 아이의 인문학적 소양을 포함시킨다면 얼마나 좋을까요?

하지만 대한민국 영어교육의 목적이 현재까지도 '입시'를 통과하는 것이기 때문에, '언어'보다 '학습'에 더 초점을 두어야 한다면, 어휘력-읽기-문법-듣기로 공부 방향을 잡아야 한다고 생각해요. 영어 공부는 띄엄띄엄 해서는 안 되고, 매일 최소 1시간은 투자해야 해요. 단어는 매일 정해진 분량을 정해서 암기하고, 이전의 어휘량을 복습하며 늘려야 합니다. 읽기도 정해진 시간 내에 정확히 읽어내는 훈련을 통해 독해력을 꾸준히 향상시켜야 하지요.

문법의 비중이 크지는 않지만 문법을 파악해야 지문을 이해할 수 있으므로, 하루에 조금의 분량이라도 집중해서 문법 용법을 공부해 나가는 것을 추천합니다.

듣기 같은 경우는, 자투리 시간을 활용해서 매일 듣는 것이 좋아요.

열심히 '소통'과 '표현'을 강조하다가 '입시'라는 관문을 만나 '독해'와 '문법'을 공부하는 구조가 정말로 올바른 영어교육의 방향일까요?

인풋이 턱없이 부족한 대한민국 영어 환경에서 활발한 아웃풋을 기대하는 것은 어렵겠지만, 적어도 어렸을 때부터 영어에 많은 투자를 함에도, 결국엔 영어포비아에서 벗어나지 못하는 대한민국의 아이들이 안타깝습니다.

최근에 한 광고를 보았어요. 우리나라 명문대 출신의 한 직장인이 '최대 30분, 나의 의견을 영어로 표현할 수 있다면 성공한 영어교육이다!'라는 말을 하더군요.

30분 동안 영어를 말한다는 것이 그렇게 어려운 일일까요? 아마, 다수의 한국인은 단 3분도 영어로 말을 이어 나가기 어려울 거예요. 그렇다고, 30분 영어 말하기가 요원한 일은 절대 아니라고 생각합니다. 유창함이란 꼭 풍부한 어휘를 쓰는 것만은 아니에요. 오히려 상대방이 금방 이해할 수 있는 쉬운 어휘를 써야 더욱 소통을 잘할 수 있어요.

30분 그 이상도 영어로 당당하게 표현할 수 있는 '진짜' 영어는 어쩌면 사고력이 최대로 확장된 중·고등학교 시기에 배워야만 하는 것은 아닐까요?

✤ 절대평가 수능영어의 장단점

2025년부터는 고교학점제가 시행된다고 하죠. 아이들이 고등학교에서 원하는 과목을 선택해서 들을 수 있는 이 고교 학점제가 제대로 된 방향으로 가려면, 수능 절대평가의 전면 전환이 불가피하다고 합니다.

아이들이 수능의 영향력 아래 있게 될 경우, 자신이 원하는 과목을 선택하기보다는 수능 출제과목에 쏠릴 수밖에 없다는 교육계의 우려가 있기 때문이죠. 그렇다면 이미 2018년도에 시행되고 있는 절대평가 수능영어는 그 취지에 맞게 잘 진행되고 있는 걸까요?

수능영어 절대평가의 목적은 영어를 고등학교 수준으로 학습하면 어렵지 않게 문제를 풀 수 있게 하는 것이었어요. 절대평가는 내가 속한 점수분포에 해당하는 등급(1~9등급)을 받는 것인데요, 만점이 아니어도 90점 이상이면 1등급을 받을 수 있습니다.

2020년도 수능 영어영역은 2019년도보다 쉽게 출제되어서 1~2등급 인원은 1만 585명 증가했으며, 영어영역 1등급 해당자는 영어영역 응시자의 7.43%에 해당됐습니다. 개인의 상대 석차를 비교하여 지나친 경쟁 속에서 성적순으로 선발하는 상대평가와는 달리 절대평가는 모든 학생들의 능력을 끌어올리겠다는 발전적 교육관을 기본으로 합니다.

절대평가는 영어에서 불필요한 경쟁과 부담을 줄이는 효과를 볼 수는 있지만, 가장 큰 부작용은 변별력 약화입니다. 어렵게 문제를 출제하는 것은 절대평가의 취지에 맞지 않기 때문에, 영어의 변별력은 점점 줄어들게 되고 이것은 곧 하향평준화로 이어질 수 있어요. 아이들과 학부모들은 영어를 중학교에서 끝내고 고등학교에서는 수학에 집중하려고 합니다.

수능 영어는 듣기가 17문항이며 읽기가 28문항입니다. 전체적으로 평이하지만, 읽기 문제에서는 높은 수준의 추론 능력을 요구하는 어려운 문제들이 있어요. 상대평가가 상위 4%에 해당하는 1등급을 가리기 위해 학생들이 틀릴 수밖에 없는 기형적인 문제를 낼 수밖에 없었다면, 절대평가는 중위권 학생들이 노력하면 등급을 올릴 수 있는 전체적으로 평이한 난도의 문제를 출제합니다.

황우여 전 장관도 수능 영어 절대평가에 대해서 우리 아이들이 영어학자가 되려고 영어를 공부하는 것이 아니라는 말을 하신 적이 있어요. 그는 과도한 사교육 시장과 수십 년에 걸친 영어 투자에 대한 근본적인 의문이 들었다고 했습니다. 그러나 이 물음에 대한 답이 절대평가는 아니겠지요.

우리 아이들이 영어를 지나친 학습으로 여겼던 상대평가 수능영어도, 또 조금은 쉬운 기준에 맞춰진 절대평가 수능영어도 그리고 내신 영어도 결국엔 점수로 된 '평가'의 한 부분일 수밖에 없어요. 세계에서 당당하게 영어로 소통할 수 있는 영어는 수능 이후에야 가능한 것일까요?

✦ 성공적인 초등 영어교육의 방향은?

2015년 대학원 수업을 듣고 있을 때, 교수님께서 해주신 말씀이 참

인상 깊었습니다. 그분은 EBS에서 초등학생 영어 프로그램을 직접 설계하셨어요. 교수님은 '도서 산간벽지에 사는 아이들도 영어를 배울 수 있도록 한다'는 소명의식을 가지고 계셨어요.

초등학교 3학년 공교육의 시작, 그리고 다시 부활한 초등 1, 2학년 방과후 영어까지 초등학교 저학년은 본격적으로 영어를 '배우게' 되는 시기입니다. 그러나 이미 너무도 개인격차가 너무도 벌어진 초등학교 영어교실이에요.

2019년 7월 교육부는 초등학교 내실화 교육을 수립하여 발표했습니다. 사교육업계에서는 교육부에서 이제 '실용영어'를 강조하고 있다며 의사소통에 기반한 커리큘럼을 연이어 홍보를 합니다. 교육부의 초등교육 내실화 교육의 비전은 "기초 의사소통능력을 키우는 즐거운 영어교육"이며, 영어 의사소통능력 및 미래 핵심 역량 신장과 모든 학생에게 양질의 영어교육 기회와 환경제공을 목표로 삼고 있어요.

AI를 활용한 '영어 말하기 연습 시스템'을 구축도 시대의 흐름을 따라가는 좋은 정책이라고 생각해요. 1:1 대화형 영어 학습을 제공하여 풍부한 영어 듣기 말하기 연습이 이뤄진다면 학생 '수준'에 따라 파닉스, 단어, 문장, 대화연습 및 발음 교정이 가능해집니다.

균형 잡힌 언어 능력을 완성하는 온라인 영어독서 지원(EBSe Fun Reading)으로 다양한 영어도서를 무료로 읽을 수 있는 것도 학교와 가정 모두 스스로 학습할 수 있는 좋은 기회로 보입니다. 단, 온라인 프로그램은 피드백의 역할이 중요하겠지요.

초등에서 가장 신경을 써야 할 부분은 어린이 수준에 맞고 호기심을 충족하는 다양한 콘텐츠에 꾸준히 노출되어야 한다는 것입니다. 2019년 내실화 계획에서도 EBSe에 초등학생 귀가 시간대(1:00~16:00)에 어린이용 애니메이션, 드라마, 영화 등을 집중 편성한다는 방침이 있었어요. 더빙 없이 영어 프로그램을 방영하여 자연스러운 영어 노출 기회를 확대하는 것도 포함되었지요.

스웨덴 같은 경우는 TV에 어린이 영어 콘텐츠를 모국어 자막만으로 더빙 없이 상영하여 어릴 때부터 영어 노출의 기회를 극대화시킵니다. 스웨덴은 잘 알려져 있듯이 EF(Education First)가 발표한 영어능력지수 1위를 차지한 국가입니다(2018).

2020년 100개교에서 시범학교로 운영할 예정인 '영어 놀이터'는 학교 안에서 자유롭게 영어를 공부하고 활용할 수 있도록 영어도서와 학습교구, 스마트기기 등으로 지속적이고도 자연스러운 영어 습득 '공간'입니다. 아이들이 사교육이 아닌, 학교 울타리 안에서 편안하고 일상에 스며들듯 영어를 생활화한다면 사교육비도 줄이고 영어 실력은 느는 효과를 얻을 수 있을 것입니다.

또한 원어민 배치가 실질적으로 어려운 소외지역 초등학교에 TaLK(Teach and Learn in Korea: 영어를 모국어로 하는 나라의 대학생) 장학생을 확대 배치한다고 했어요.

사실 '습득'이 가능하려면 '양'적으로 충분해야 하구요. '학습'의 효율성은 '질'로 승부를 봐야 합니다.

확실한 로드맵은 많이 알려져 있듯이 차고 넘치는 '인풋'과 EFL 환경에서 영어 독서와 아웃풋을 낼 수 있는 시스템을 활용하는 것입니다. 꼭 엄마표 영어일 필요도 없어요. 저렴하면서도 검증받은 사교육 프로그램도 많이 있어요. 아이와 맞는 영어 학원을 꾸준히 다녀서 실력을 쌓는 것도 효율적일 수 있지요.

대한민국 중·고등학생들은 철저하게 영어시험을 위한 공부를 합니다. 웬만해서는 영어를 언어로 배운다는 생각은 공교육에서는 거의 불가능한 일이며, 영어는 언어가 아닌 학습 그 자체인 것이죠.

만약 "초등학생 시기의 영어는 학습이 아닌 언어 그 자체로 배우는가?"라는 질문을 제게 한다면, 저는 초등학생들에게 영어는 학습과 언어의 중간 어딘가에 위치한다고 대답하겠습니다.

에릭슨의 심리사회적 이론은 프로이드의 심리성적 발달단계에서 나아가 인간은 인생의 모든 단계에서 사회적 관계를 통해 인성의 기초를 형성한다고 보았습니다. 그는 아동기에 수행해야 하는 과업으로 읽기와 쓰기 셈하기 등 기본적인 학습 능력, 즉 주의집중과 근면성이라고 제시했는데요.

공교육이 처음 시작되는 초등학교 3학년의 아이들은 선생님이 가르쳐주는 영어단어와 문장의 쓰임새를 직접적인 설명으로 들어도 이해하고 소화할 수 있습니다. 그러나 미취학 아동이 일방적인 선생님 주도 방식으로만 배우게 되면 영어에 대한 흥미를 곧 잃어버리고 말 거예요.

그렇기 때문에 우리 아이들이 좋아하는 게임이나, 챈트, 신체활동 등 다양한 놀이로 배우는 영어가 필요합니다.

멀티미디어가 수업에 활용되는 비중은 점점 더 커지고 있어요. 엄마표 영어로 초등 저학년 자녀들에게 실천하기 좋은 방법은 쉽고 재미있는 영어그림책 읽기와 엄마가 영어책을 소리 내어 읽어주는 것이에요. 처음부터 아이가 스스로 영어책을 읽을 수는 없겠지요. 엄마와 아이가 함께 쉬운 영어그림책을 먼저 그림만 훑어보거나 우리말 번역본이 있다면 우리말로 아이에게 들려주어 친근함을 느끼게 해주세요.

엄마가 아이에게 매일 잠자리 독서로 영어그림책 동화를 조금씩 읽어주는 것으로 영어책 읽기를 시작해 보세요. 엄마가 읽기 부담스러우면 음성이 지원되는 펜을 활용하거나, 노래로 된 음원을 들려주는 것도 좋은 방법이 되겠지요.

언어학자 스티븐 크라센 박사는 "읽기는 언어로 배우는 최상의 방법이 아니다. 그것은 유일한 방법이다"라고 주장한 것으로 유명하죠.

'유일한'이라는 조금은 극단적인 표현을 쓰셨지만, 《크라센의 읽기 혁명》에는 '자발적 읽기'라는 개념이 등장합니다. 이 자발적 읽기란 기존의 전통적인 읽기 수업 방식이 아닌 아이가 스스로 책을 골라서 읽는 것입니다.

《크라센의 읽기 혁명》에 나온 자율 독서 프로그램은 그 효과가 확실하며 일관성이 있었습니다. 이 자발적 읽기는 모국어 및 외국어를 배우는데 눈에 띄는 성과를 보이기도 했는데요. 크라센은 먼저 전통적 읽기 수업 방식은 '스킬 학습'과 '오류 교정'이라는 두 가지 방법으로 이뤄진다고 보았습니다.

'스킬학습'이란 언어의 규칙과 단어의 의미(철자)를 학습하고 규칙을 자동으로 사용할 수 있도록 연습하는 것이고, '오류 교정'은 선생님이 학생의 오류를 교정해주면 학생이 규칙과 단어, 철자에 관한 자신만의 지식을 수정하고 사용한다고 기대하는 것입니다.

크라센은 언어를 배울 때 이런 직접적인 방식이 왜 효과적이지 못한지에 대해서 세 가지의 이유를 듭니다.

① 언어는 규칙이나 단어로 한꺼번에 가르치기에는 너무 방대하고 복잡하다.
② 읽고 쓰는 능력은 지도를 받지 않고도 발달될 수 있다.
③ 직접 교수의 효과는 적거나 거의 없다. 직접 교수의 효과를 보여주는 연구가 있다 하더라도 직접 교수의 효과는 시간이 흐름에 따라 사라진다.

그런데, 저는 이 의견에 전적으로 동의할 수는 없습니다. 직접적인 교수로도 영어를 즐겁고 열정적으로 가르칠 수 있으니까요. 크라센은 자율 독서의 장점이 학습자가 매우 즐거워한다는 사실, 그리고 책을 흥미롭게 읽는 학습자는 '독서'를 통해 '몰입'을 경험한다는 점, 읽기를 통해 훌륭한 문장력과 풍부한 어휘력, 고급 문법 능력, 철자를 정확하게 쓰는 능력 즉 리터러시를 발달시키는 데 있다고 하였습니다.

저는 3년 정도 프랜차이즈 영어 공부방을 운영한 적이 있어요. 프랜차이즈의 특성상, 메인교재는 주로 Reading을 훈련하는 것으로 레벨이 높아질수록 글밥이 늘어나는 형식이었죠. 물론 제 나름대로 신중하게 선택한 브랜드라서 커리큘럼에 자부심도 있었고, 매뉴얼대로 가르치는 데는 수월했어요.

Language, Math, Science, Arts, History 등 미국교과서를 과목별로 나누어 국내 아이들이 이해할 수 있는 재미있는 스토리로 흥미를 유발한다고 선전했지요. 자기주도학습으로 거의 매일 공부방에 와서 주어진 스토리 문장을 듣고 따라 말하고 제가 보는 앞에서 혼자 읽고 나면 선생님께 점검(좋은 말로는 코칭)을 받는 시스템이었어요. 거기에 제가 더 추가한 것은 아이가 배웠던 어제의 분량을 외워서 낭독하는 것이었어요.

에빙의 망각곡선 이론을 저는 상당한 위기의식으로 느꼈습니다. 나는 아이들에게 이만큼을 가르쳐줬는데 수업 후에 절반 이상을 잊어버리면, 엄마들은 선생님인 나를 원망하지 않을까? 하는 걱정이 앞섰던 거죠.

그 당시 제 목표는 아이들 입에서 영어가 술술 나와서 회원 어머니들의 신뢰감 얻기, 그리고 우리 공부방 아이들은 영어를 잘한다는 소리를 듣는 것 이 두 가지였습니다. 부끄럽게도 저는 대부분의 아이들에게 영어는 그저 학습이고 공부일 뿐이라는 인식을 심어준 것 같습니다. 욕심이 지나친 저는 아이들이 전날 배운 것을 암기하는 동시에 당일에 배운 내용까지 암기를 시켰습니다.

그 결과, 여러 가지 장단점들이 나타났어요. 효과를 봤던 아이들은 영어 문장 말하기에 더 자신감을 갖게 되었고, 한 번에 입에서 뱉어내는 영어 문장들이 많아지는 것에 더 도전의식을 느끼는 듯했습니다. 사실 그런 아이들은 소수였어요.

반면 속도가 느리고 영어에 어려움을 느끼는 아이들은 암기 자체를 힘들어했습니다. 공부방을 운영하면서 메인교재로는 해결되지 않는 무엇인가가 있다는 생각이 들었어요.

그래서 활용한 것이 바로 영어 동화책이었습니다. 딱딱한 리딩 교재만 매일 읽는 대신에, 주 2회 정도는 영어동화책을 그림을 보며 오디오 CD를 듣게 했어요. 그리고 몇 문장씩 제가 끊어서 아이에게 직접 읽어주었어요. '노부영' 같은 교재는 당연히 흥미로운 노래로 영어 문장을 듣고 따라 할 수 있어서 좋았구요.

무엇보다 짧은 지문, 이해하기 쉬운 삽화, 스스로 읽을 수 있다는 자신감 등이 아이들에게 도움이 되었던 것 같습니다. 영어책 소리 내어 읽어주기 또한 리터러시 향상에 좋은 영향을 미칩니다.

뉴먼의 연구에 의하면 책을 많이 읽는 사람들은 생후 6개월 정도부터 낮잠을 잘 때나 잠자리에서 부모들이 매일 책을 읽어주었다고 합니다. 덴턴과 웨스트의 최근 연구에 의하면 2만 명 이상의 아이들을 대상으로 유치원 후반기와 1학년 후반기에 읽기 평가를 한 결과, 유치원에 들어가기 전부터 일주일에 적어도 3회 책 읽어주기를 경험한 아이들이 3회보다 적게 경험한 아이들보다 성적이 더 좋았다고 해요.

저도 크라센 박사님의 주장처럼 영어책 읽기야말로 대한민국 아이들이 영어에 흥미를 느끼며 학습이 아닌 언어로 외국어를 배울 수 있는 가장 훌륭한 방법이라고 생각합니다.

4 풍성한 어휘력 기르기

✨ 파닉스, 가볍지도 무겁지도 않게!

철자와 소리의 관계를 파악하고 그 원리를 이해하는 과정인 파닉스는 정말 중요합니다. 알파벳 자체는 규칙성이 있지만, 영어는 경우에 따라서 소리의 변화도 많지요. 파닉스 규칙 자체가 적용되지 않은 Sight Words를 병행해야 합니다.

저는 Sight Words는 아이에게 따로 외우게 하지는 않았고, Scholastic사의 《100 Words Kids Need to Know》 시리즈를 활용했어요. 사이트 워드가 반복 키워드로 나오고 다양한 워크시트 활동을 하면서 재미있게 Sight Words를 익힐 수 있었습니다. 이해하기 쉬운 삽화도 많고, 문장의 기본 구조도 익힐 수 있어서 여러모로 도움이 되었어요.

파닉스는 가볍게도 그렇다고 무겁게도 보아서도 안 되는 영어 읽기 독립에 꼭 필요한 작업이에요. 주로 Phonic 교재를 가지고 시작하므로, 출판사별로 약간의 차이가 있지만 거의 흐름은 같습니다. 연령이 어릴

수록 언어의 소리 차이에 예민한 편이지요.

파닉스는 결과적으로 '읽기'와 '말하기' 그리고 '듣기' 실력에도 많은 도움을 주지요. 〈Alphablocks〉는 저희 아이들이 거의 매일 즐겁게 보았던 파닉스 영상이었어요. 유튜브에 'the abc song', 'alphabets song'를 검색하면 정말 많은 파닉스 영상물이 나와요.

'Zoo Phonics'나 'Letter Land'도 파닉스를 이미지로 연상해서 놀이처럼 배울 수 있어서 좋아요. 아이가 알파벳을 클릭하면서 여러 가지 흥미로운 활동을 통해 파닉스를 배울 수 있는 사이트인 'Starfall'도 유용해요. 알파벳 음가와 관련된 재미있는 픽처북도 추천합니다.

파닉스로 자음, 단모음, 이중 모음, 이중 자음 등 아이가 어느 정도 '단어'를 해독(Decoding)할 수 있다면, 파닉스를 떼기 위한 리더스 북으로 짧은 문장을 읽어 나갑니다.

첫째는 초등 입학 전에 Oxford Reading Tree에서 나온 《Songbird Phonics Activity Book》을 저랑 같이 풀었어요.

초등학교에 입학해서는 EFL Phonics 교재를 하면서, 동시에 좋아하는 디즈니 캐릭터가 나오는 애니메이션 그림책 《Phonics Step into Reading 'Paw Patrol'》 12권을 함께 공부했어요. 파닉스는 읽기만을 위해서 공부하는 것이 아니에요. 단어의 발음을 입으로 표현하고 영어 문장을 들을 때도 도움이 많이 됩니다.

초등학생일 경우, 음가를 가르칠 때 꼭 한국어와 영어 발음의 '차이'를 꼭 가르쳐주세요.

(1) 한국어는 단어를 끊어서 말하지만, 영어는 덩어리로 이어지는 경우가 많다.

연음(Linking)이란 계속적인 소리의 흐름입니다.

원어민은 말을 할 때 단어마다 끊지 않고 하나의 긴 단어처럼 연음하여 말하는 반면, 한국인은 영어 단어를 띄엄띄엄 말하는 경우가 많아요.

예일 대학교 윌리엄 A. 반스 교수는 연음된 문장은 신축성과 점착성이 있는 껌처럼 이어져 있다는 이미지를 떠올리라고 했습니다.

in<u>ch o</u>f 나 a<u>ll o</u>f의 경우 inch of는 "인**첩**" all of "얼**럽**"과 같이 자음과 모음이 만날 때 하나의 덩어리로 이어집니다.

연음을 이해하게 되면 스피킹 실력도 유창해지고 청취력도 덩달아 향상됩니다.

(2) 한국어와 영어 끝음의 미세한 차이에 주의해라.

한국식 발음 ch/취/ 또한, '취'에서 우리말 모음 '위' 혹은 '이' 발음을 정확히 붙이는 대신, 무성음으로 공기만 내뿜어야 올바른 발음이 됩니다.

management, perfect, send, friend 같은 단어의 끝자음도 많은 한국인들은 '트', '드', '스' 같이 정확하게 발음하려고 합니다.

또, 한국인들은 t, d, s 등이 끝음으로 올 때는 아예 생략하는 경우가 많다고 하는데, 이는 연음에서 특히 놓치기 쉬워요.

They as<u>ked</u> me to dinner

특히, 동사의 과거형 –ed나 3인칭 현재형 –s, –es 등을 발음할 때 미세한 부분까지 신경을 써야 해요.

asked는 무성음 'k' 뒤에 오는 과거형 'ed'가 't'로 바뀌어 /askt/로 발음해야 합니다.

한국어 발음의 영향을 받는 일이 많으므로 영어 본래의 발음으로 '의식'하는 것이 중요해요. 우리말은 자음의 경우는 하나의 소리로 끝이 나지만, asks처럼 영어는 자음이 여러 개 겹칠 때, /에스크스/ 하나하나 소리가 나거나 amounts /어마운츠/처럼 세 개가 뭉개서 새로운 소리를 냅니다.

(3) 영어의 멜로디는 한국어보다 넓은 음역을 갖고 있다.

멜로디(melody)는 다른 말로 억양(intonation)이라고도 해요. 영어를 말할 때는 '음 높이'가 상당히 중요한 역할을 합니다.

'톤'이란, 성대를 1초 동안 75~400회 진동시켜서 생기는데, 1초간의 진동수가 많으면 많을수록 높은 음이 생성됩니다. 영어 톤이 한국어 톤보다 훨씬 음역이 높습니다.

윌리엄 A. 반스 교수는 영어 문장에는 적어도 하나의 '포커스 워드(Focus Word)'가 존재하므로, 한국인들에게는 이 포커스 워드를 '높은' 톤으로 말하라고 합니다.

I am really busy.

It's an important point.

I have a question for you.

위의 밑줄 친 단어가 포커스 워드가 되고, 이를 높은 톤으로 표현하는 것이, 바로 영어 멜로디를 만들어 내는 결정적인 요소인 것입니다.

초등학생은 발음을 어떻게 해야 하는지 알려주면 금방 이해합니다. 파닉스의 기초적인 원리는 적절한 지도로 가능해요. 무엇보다, 영어 소리에 흠뻑 빠지게 하는 것이 중요합니다.

✷ 단어를 씹어 먹는 방법

영어의 유창성을 위해서 꼭 필요한 것은 어휘력입니다. 아이들의 어휘력을 넓히기 위해 꼭 필요한 것이 사전이에요. 저는 아이와 세 개의 종이 사전을 활용하고 있어요.

《Longman Picture Dictionary》 그림 사전은 Topic으로 분류되어 있고 실사와 삽화가 적절하게 구성되어 있어서 영어를 막 시작한 초보자에게 좋은 그림 사전입니다.

초등 영한사전은 《YBM 시사 엘리트》를 쓰고 있는데, 아이가 스스로 단어를 찾을 수 있도록 한 손에 쏙 들어오는 사이즈예요. 저는 이 영한사전으로 'My Alphabet Book'을 아이와 함께 만들었어요.

《Scholastic First Dictionary》는 영어 단어를 찾고 그 해설을 다시 영어로 공부할 수 있는 최적의 사전이에요. 삽화도 적절하게 실려 있어서 인터넷이나 어플리케이션으로 영영사전을 활용하기 전 단계로 좋아요.

사전을 항상 아이 가까이에 두고, 모르는 단어가 나올 때 꼭 스스로 찾아보고 단어장에 정리하는 습관을 만들어주세요. 초급자들이 많이 보는 영영 사전은 《맥밀란 어린이 사전》, 《롱맨 베이직》, 《롱맨 월드와이즈》,《콜린스 코빌드》 등이 있어요.

유치원용 영어사전은 《Scholastic Children's Dictionary》, 《Basic Oxford Picture Dictionary》, 《The Cambridge Picture Dictionary》, 《Collins First School Dictionary》가 있어요.

영어 단어를 더 많이, 더 오래 나만의 것으로 만들기 위한 다양한 방법이 존재합니다.

1) 나만의 영어 사전 만들기

작은 수첩에 a~z까지 아이와 라벨을 붙여서 알파벳 순서대로 단어를 찾고 영어와 한글 뜻을 적습니다. 단어를 하나씩 하나씩 늘려 나가면 성취감도 배가되요. 연령이 어리면 그림을 적극적으로 활용해 보세요. 자기만의 사전이라는 애착을 형성하면서, 영어 단어를 공부하는 좋은 습관을 만들 수 있어요. 연령이 높아질수록 단어장을 여러 가지로 변형해서 새로운 단어들을 축적해 나갈 수 있습니다.

2) 그림이나 맥락을 연상하기

새로운 어휘를 배울 때, 의미 없이 외우는 것보다 단어를 나타내는 그림이나 맥락을 연상시키면 훨씬 오래 기억할 수 있어요. 요즘에는 스마트폰 어플로 소리와 글자, 이미지와 뜻까지 한 번에 배우며, 저절로 암기가 되는 경우도 많아졌어요. 새로운 단어를 배우고 난 후, 상반되는 두 가지의 개념 중에서 선택하면서 복습하는 것도 효과적인 방법입니다. entire라는 단어를 알고 나서, 피자 한 조각과 피자 한 판의 그림 둘

중에서 선택하는 것이죠. fancy 같은 단어는 내복과 화려한 드레스를 동시에 놓고 고르면서, 아이는 더욱 명확하게 단어를 이해할 수 있어요.

3) 고리 단어장

휴대하기 편하고 자투리 시간을 활용하여 단어 암기에 도움이 되는 방법은 '고리 단어장'입니다. 수첩을 항상 가지고 다니면서 반복해서 외우게 해 보세요. 아이가 외운 단어는 고리에서 빼고 새로운 단어 카드 종이로 교체하면 됩니다.

4) 포스트잇 3장

'포스트잇 3장' 공부법은, 아이가 새롭게 배운 단어를 세 장의 포스트잇에 적어서 각각 다른 세 곳에 붙여두는 것입니다. 앞면은 영어를, 뒷면은 우리말을 써 놓은 포스트잇을, 아이가 여러 장소에서 반복해서 보면 단어를 외우기 쉽겠죠.

5) 플래쉬 카드 게임

메모지를 준비해서(두꺼운 것이 좋아요) 앞면에는 영어, 뒷면에는 우리말 뜻이나 영영해설을 적어요. 스피드 퀴즈 형식으로 편을 나누어 해도 좋고, 모든 카드를 섞어서 한 장을 고른 후(뒷면은 보지 않은 채) 영어를 먼저 보면 우리말 뜻을 맞추기, 반대로 우리말이나 영영해설을 먼저 보고 영어 단어를 말하거나 spelling을 맞추면 이기는 게임입니다.

6) 음성 녹음 기능 활용하기

단어 녹음한 후, MP3 파일에 넣어 자투리 시간이나 이동 시간에 계속해서 듣습니다. 스마트폰 보이스 레코더를 활용하여 영어 단어가 들어간 문장을 녹음해서 듣는다면 더욱 좋겠죠.

7) 유의어 · 반의어 넓히기

새로운 단어를 알게 되었을 때, 그 단어와 유사한 뜻을 가진 단어를 함께 정리하거나, 반대말을 동시에 알아두면, 어휘 확장에 훨씬 도움이 됩니다.

8) 접두사 · 접미어 등 어원을 알기

uni '하나', by '둘', tri '셋'을 알면, ⟨unicon: 뿔이 '한' 개 달린 말⟩, ⟨bilingual: '두' 개 언어를 할 줄 아는⟩, ⟨triangle: '삼'각형⟩을 해석하는 단서가 될 수 있으며, 아이들의 호기심을 자극합니다. 이렇게 단어의 어원 등을 알면 관련 어휘를 서로 묶을 수도 있고, 기억에도 오래 남습니다.

✱ 밥을 먹듯 단어는 매일 챙기자

매일매일의 습관이 얼마나 중요한지 잘 알고 있으면서도 실행하기는 참 어렵지요. 엄마표로 영어를 진행한다면 아이의 공부 습관 만들기도 엄마가 일정 부분 관여해야 합니다. 아이가 스스로 공부 목표를 설정하게 도와주는 것도 좋아요.

저는 아이가 그날 하루 학습 분량을 꼭 채워서 작은 성공을 맛보게 하고 싶었어요. 그래서 아이와 함께 공부 계획표를 세우고, 공부 Check List를 만들어서 매일 실천하려고 노력했습니다.

아이와 숙제로 전쟁을 치를 때도 많지만, 너무 몰아세우기보다는 아이가 스스로 할 때까지 기다려줄 때 아이가 숙제를 적극적으로 하는 것을 느껴요. 저는 전업주부가 된 후로 첫째와 방과 후에 집에서 대화하는 시간을 매일 가져요.

아이와 숫자를 계산하며 단어 공부의 중요성에 대해 이야기를 나눈 적이 있어요.

"매일 1개의 새로운 단어를 알아갈 경우, 1년 후에 365개라는 큰 숫자가 된단다. 그리고 매일 2개를 공부하면 730개, 만약 3개를 배면 1,095개, 4개를 외우게 되면 몇 개가 될까?"

아이는 열심히 계산을 하더니 단어가 1,460개로 늘어나는 것을 알고 정말 놀라면서, 하루에 4개씩 외우겠다고 결심하더군요.

영어 단어는 아이의 영어 실력의 기준이 됩니다. 어휘력이 빈약하면 원서를 읽어도 의미를 이해하기 어렵고, 자신의 의견을 영어로 쓸 수도 없어요. 영어로 기본적인 의사소통도 어렵겠지요.

밥을 먹듯 단어를 매일 챙기려면, 우선 '기초 영어 단어'를 알아야 합니다. 일상생활에서 자주 쓰이는 단어를 최대한 많이 접하는 것을 목표로 세워야 해요. 초등 저학년인 경우는 단어를 외우는 데 집중하기보다는, 일상생활에서 반복해서 접하게 하는 것이 더욱 효과적입니다.

영어 그림책에서 새로운 단어의 개념을 알게 되었을 때, 이 단어를 영상물에서 보고, 영어 노래를 통해서 한 번 더 듣거나 픽션 or 논픽션 교재에서도 그 단어를 만날 수 있겠지요. 여러 상황에서 마주치는 횟수만큼 그 단어는 내 것이 될 확률이 높아집니다.

Vocabulary용 교재를 원서나 국내에서 제작된 교재로 선택해 공부하는 것도 좋은 방법이에요. 공부방을 할 때, 거의 매일 단어 Test를 보게 했어요. 스펠링을 완벽하게 써야 했기에 채점을 하면서, 아이가 얼마나 이해했는가보다는 어디가 틀렸나 확인하느라 정신이 없었습니다.

제 기억에 암기 자체를 어려워하는 아이는 1시간 학습 분량을 넘어서서 2시간 이상을 앉아 있기도 했어요. 그런 아이의 곤혹스러움은 생각지도 못한 채 저는 그 아이의 엄마에게 전화를 걸어서 조금 더 공부를 시켜야 하니 다른 학원 스케줄과 겹치지 않는지 확인을 해야 했습니다. 그 아이는 얼마나 제가 원망스럽고 계속 실패하는 자기 자신이 미웠을까요?

저학년 때는 스펠링을 하나하나 외우게 하는 것보다는 단어를 정확하게 영어로 읽고 우리말 뜻을 이해하도록 해주세요.

5
흘려듣기와 집중듣기에서 영어 말하기와 영작문까지

⭐ 전략적으로 차고 넘치게 듣자!

아기가 태어나고 자라며 우리말을 끊임없이 듣고 모국어로 다양한 경험을 하고 결국엔 말문이 터지는 모든 과정이 바로 '습득'입니다.

많은 영어교육서에 공통적으로 하는 말이 있어요. 바로 "차고 넘치게 들어라!"입니다. 차고 넘치게 들어야 함은 언어를 마스터함에 있어서 거의 정설에 가까운 말입니다. 그런데, 차고 넘치게 들어야 하는 방법과 상황은 저마다 다릅니다.

학령 전기에는 모국어 환경이 우선이고, 초등학교 입학한 후에는 매일 1~3시간 정도는 듣기 시간을 확보해야 합니다. 아이의 성향에 따라 영상물, 책, 노래, 픽션, 논픽션, 자기주도학습, 1:1 튜터링, 그룹 수업, 온라인 수업 등 선호하는 방법을 찾는 것이 중요해요.

처음 영어를 들을 때는 아이가 이해할 수 있는 범위부터 시작해야 합니다. 엄마가 갓난아이에게 말을 해줄 때는 긴 대화를 사용하는 경우는 거의 없지요. 아기는 엄마가 그때그때 하는 말을 들으면서 점점 상황과 연관시키고, 그 말의 뜻을 이해하기 시작해요.

언어는 다분히 추상적인 개념이에요. 소리는 일차원적인 감각이지만, 언어의 소리에는 의미가 담겨 있어요. 아이가 이해할 수 있는 영어의 소리를 매일 들으며 그 '의미'를 깨우쳐야 합니다. 아이의 수준보다 어려우면 그건 소음일 뿐이에요.

저희 아이들은 놀이를 할 때 음원을 틀어주면, 놀이에 집중할 수 없다며 반감을 표시하더라구요. 아무리 작게 볼륨을 틀어도 저희 아이들은 놀이를 할 때면 언제나 음원을 거부했어요.

나중에 아이들의 뇌는 멀티 태스커가 되기 어렵다는 것을 알게 되었어요. 그래서 흘려듣기는 아이들이 어떤 활동에 몰입했을 때는 음원을 틀지 않기로 했습니다. 신기하게도 첫째가 영어를 배우는 시간이 늘어날수록, 음원 듣는 상황을 불편해하지 않게 되었어요.

다른 과목을 배울 때나, 놀이 할 때를 빼놓고는 영어 음원에 귀를 기울이는 아이의 모습을 자주 발견했습니다. 아침에 일어났을 때, 잠자리에 들 때, 식사 도중에, 차 안 등 아이들이 편안한 상태에서 흘려듣기를 시도해주세요.

학령기가 되면, 이때부터는 '흘려듣기와 집중듣기를 활용하여 Listening 환경을 끊임없이 풍부하게 조성해주세요. 모국어의 기초가 탄탄하고 영어의 비중에 더 신경을 써야 하는 초등 시기가 오면, 그때 야말로 차고 넘치게 듣는 환경이 필수입니다. 이제는 Hearing이 아닌

Listening을 할 수 있는 충분한 학습자로 아이를 대해도 되는 시기예요. 흘려듣기는 엄마가 노력하면 얼마든지 아이들에게 영어를 노출할 수 있는 쉬운 실천법입니다.

영상물 시청도, 초등 시기에는 짧은 러닝 타임을 포함해서 한 시간 이상 견딜 수 있는 힘이 생겨요.

초등 고학년은 자투리 시간을 활용한 영어 흘려듣기와 꾸준한 영어책 읽기로 영어내공을 길러야 합니다. 초등 저학년 시기의 아이는 외국어와 우리말의 차이를 충분히 인지하고 있어서, 영어 단어를 논리적으로 이해할 수 있고, 멀티미디어 등을 활용한 영어매체의 효과도 높습니다.

초등 시기는 하루에 1시간 내지 3시간 정도의 영어몰입도 가능합니다. 무조건 빨리 시작하는 것보다 적기에 영어를 시작해서 꾸준히 쉬지 않고 끝까지 가는 것이 중요해요. 무조건 많이 흘려 듣는 것이 아니라 의미 있는 듣기가 되도록 '어떤 내용을 들을지' 현명하게 선택해야 합니다.

저희 큰아이는 매일 공부할 분량의 집중듣기를 하고 암송하기가 끝나면, 어학기에서 음원을 처음부터 끝까지 들려주는 일을 매일하고 있어요. 그렇게 되면, 자연스럽게 듣는 횟수가 누적이 되면서 단어가 아닌 '구문'이 들리고 그러면 '문장'이 들리고 결국엔 문단과 이야기 전체가 귀에 들어오게 됩니다.

아이는 영어 문장을 스스로 내뱉고는 "엄마, 무의식적으로 이 문장들이 내 입에서 나왔어!"라고 말하더군요. 이런 영어 문장들이 계속해서 아이의 머리에 쌓여갈수록 아이 입에서 나오는 영어 문장들이 다양해졌어요. 흘려듣기와 집중듣기를 꾸준히 한 결과, 아이는 이제 영어로만 이야기해 보자고 저에게 배틀을 신청합니다.

일곱 살 때 영어가 싫다고 울면서 하소연했던 아이의 모습이 스쳐 지나갔어요. '아! 매일 꾸준함의 힘이란 이런 것이구나. 그래 멈추지 말고 계속 가 보는 거야!' 저 스스로 다짐했습니다.

✬ 입으로 뱉어내라! 영어 낭독의 힘

엄마들과 쉬운 챕터 북《Magic Tree House》시리즈를 낭독하는 스터디를 작년부터 진행해오고 있어요. 영어 강사로서 엄마들을 만날 때 한결같이 듣는 말이 있는데요. 바로 "영어를 잘하고 싶은데, 어떻게 시작해야 할지 모르겠다"입니다.

엄마는 영어를 잘하지 못하는데 아이가 영어를 잘하는 것을 자주 보게 돼요. 대부분은 엄마가 영어 사교육의 도움을 받거나, 충분한 영어 환경을 어릴 때부터 만들어주는 경우였어요.

엄마 스스로가 영어를 잘하지 못하는 원인을 짚어 보고 아이만큼은 '살아 있는' 영어를 했으면 하는 마음에서 우리가 배운 방식을 답습하지 못하도록 노력한 결과이기도 하지요. 아이가 영어를 잘했으면 하는 엄마의 바람을 본인의 영어 성장으로 실현시키는 엄마들에게서 포기하지 않는 '열정'과 '자신감'이 느껴졌습니다.

영어를 많이 듣고 '입'으로 한 문장이라도 더 내뱉으면 영어 말하기 실력은 정말 늘게 됩니다. 제가 챕터 북 음원을 듣거나 낭독하며 녹음할 때에도 아이들은 항상 제 주위에 있었습니다. 매일 영어를 듣고 말하는 엄마의 모습을 보여주며 영어가 생활 속에 있을 수 있도록 하였습니다.

큰아이는 《Magic Tree House》의 우리말 번역본 《마법의 시간여행》을 잠자리 동화로 들으면서 결국에는 영어 챕터 북을 집중듣기로 공부하기 시작했습니다.

《낭독훈련이 답이다》에서는 영어를 배우는 환경이 EFL인 경우 '영어를 듣고 말할 기회'가 전혀 없음에 포인트를 맞춥니다.

'영어의 진짜 실력은 말하기 실력이다'라는 말이 있듯이, 대한민국 아이들이 영어를 유창하게 말하려면 우선 소리 내어 말하는 연습이 절대적으로 필요합니다.

영어책 낭독이나, 영어 노래 따라 부르기, 섀도 리딩, 프레젠테이션 등 다양한 방법으로 입을 트이는 연습을 시도해 보세요. 그렇게 되면, 발음도 더욱 유연해지고 영어 말하기 자신감도 함께 얻게 됩니다.

낭독 연습은 영어 말문을 트이는 데 엄청난 도움을 줍니다. 의사소통을 하기 전, 유심히 듣고, 발성을 흉내 내는 과정은 결코 헛된 과정이 아니에요. 유창성을 따지는 것은 조금 더 영어 학습에 시간을 투자한 후에 평가해도 괜찮아요.

인풋에 절대적인 시간을 투자한 후에 자연스러운 아웃풋이 저절로 터지기를 바라지 마세요. 인풋을 많이 하되, 인위적인 아웃풋 연습을 꾸준히 하는 것이 중요합니다.

✨ 꼭 필요한 문법과 영어 문장 쓰기

    문법은 정말로 중요합니다. 영어 문장은 문법의 뼈대를 토대로 구성되어 있지요. 우리가 배우는 영어 문장은 문법이 없으면 존재할 수 없습니다. 차고 넘치게 영어를 듣는 아이들은, 반복되는 영어 패턴 속에 스며든 문법의 규칙을 이미 알고 있어요. 문법을 따로 공부하지 않아도, 영어책을 많이 읽어 온 아이들은 영어의 구조를 잘 파악하게 됩니다.

    원어민 아이들도 계속되는 실수와 오류를 반복하고 수정하면서 영어 문법을 완성해 나갑니다. 문법은 꼭 필요한 개념인데, 이것을 일찍부터 학습으로 가르친다면 영어를 좋아하는 아이는 거의 없겠지요?

    상대적으로 영어를 잘하는 유럽권 학생들이 영어 문법을 배울 때는 문법의 용어나 용법이 아니라, 그 문법이 적용되는 문장을 수없이 접한다고 합니다. 문법이 어떻게 쓰이는가를 '언어'로 이해하기 위한 집요하고 단순한 그 과정에서 진짜 문법을 이해하게 되는 것이죠.

    영어권에서 살다가 온 아이들이 우리나라 중학교 문법을 이해하는 데 어려움을 겪을 정도입니다. 문법 공부는 입시를 위해서 어쩔 수 없는 선택이지만, 초등 저학년 시기에는 영어 다독과 패턴 반복이면 문법을 자연스럽게 알게 되죠.

    고학년이 되면 문법 규칙을 더욱 체계적으로 배울 능력이 있고, 문법 용어도 이해할 수 있습니다. 중학교 문법을 대비하기 위한 선행 학습으로 초등 고학년 시기 영문법을 배우는 학원도 정말 많지요. 많이 듣고, 많이 읽게 되면 어느 정도 문법의 틀이 갖춰져 있을 거예요.

그런 상태에서 'Grammar'를 배운다면 체계적인 문법 개념이 정리되면서 결국 독해 실력도 좋아지게 됩니다. 저학년용 Grammar 교재를 공부한다면 관사, 명사의 복수형, 인칭대명사, 의문문, 부정문, 조동사, 전치사, Wh-Question 등을 배웁니다. 이때에도 문법 설명이 많은 것보다는, 문장 패턴을 반복해서 풀면서 자연스럽게 익히는 것이 좋아요.

영어를 초등학교에 시작한 경우는 영어로 글을 쓰기 전에 영어책을 많이 읽어야 합니다. 어린아이들에게 영어 글쓰기는 막막한 과제일 수 있어요. 글쓰기는 간결하게 자신의 생각을 전달한다고 생각하면 돼요.

Writing은 Oral Sentence로 평소 말할 수 있는 것들과 책을 통해서 읽은 것들을 글로 표현하는 것이지요. 무작정 쓰는 것보다 형식에 맞춘 글쓰기를 배우는 것을 추천합니다.

문장 Trace 하기, 문장의 끝은 Period로 맺기, 문장을 나열할 때는 Comma 쓰기, 처음 단어는 Capital letter로 시작하기, 문장의 단어 사이 Space 넣기, 줄임말 Contraction 사용하기 등 문장을 쓰는 준비를 시킵니다.

짧은 영어 문장을 베껴 쓰는 것부터 시작해 보세요. 쓰기에 대한 내용적인 면은 Topic에 대한 Detail 쓰기, Story를 Beginning, Middle, End로 구성하기, 이야기의 흐름을 일어난 순서대로(In order) 배열해 보기, Action Words, Describing Words, Feeling Words, Naming Words, Complete Sentences, Brainstorming 등을 꾸준히 연습해 나갑니다.

문장의 구조는 Who, What, Where, When 등에 맞추어서 일기 쓰기, 북 리뷰, 리포트 등으로 확장시켜 나가게 됩니다.

6
영어는 몸으로 배우는 습관!
HABIT!

✦ 영어 성공 경험 심어주기!

아이들에게는 작은 성취감을 맛보게 하는 것이 정말 중요합니다. 에릭슨의 성격 발달 단계에 따르면, 초등 시기 아이는 자신의 지적 능력을 개발하고 사회의 가치관과 규범을 획득하려고 합니다. 또한 아이 스스로 무엇인가를 주도적으로 할 수 있게 되고 자신감을 얻게 되지요.

이때 부모는 아이에게 적당한 과업을 주고, 아이가 그 과업을 수행하고 달성하면서 근면성을 개발할 수 있도록 도와주어야 해요. 지나친 경쟁심리가 아닌 건전한 근면성은 아이에게 인정받고자 하는 욕구도 충족시켜주고, 그 과정에서 인내심을 발휘하게 합니다.

하지만, 부모가 아이에게 너무 큰 목표를 설정해주거나 다른 아이와 비교를 하고, 아이가 저지른 실수를 지적하게 되면, 아이는 자신의 잠재력을 키워 보지도 못한 채 열등의식을 갖기 쉬워요. 저는 아이들이 매일

주도적으로 수행할 수 있는 독서를 적극적으로 권장합니다.

큰아이는 혁신 초등학교에서 1년, 일반 초등학교에서 2년을 다녔어요. 학교마다 조금씩 다르지만, 공통적으로 독서를 권장하는 분위기예요. 저는 아이가 영어를 거부하는 시기에 하나의 돌파구로 한글 책을 더욱 많이 읽어주었어요.

이제는 책장에 들어갈 공간이 없어서 바닥에 몇백 권이 쌓여있는 상황이지만, 11살, 7살, 5살 세 아이를 책으로 키우는 보람이 커서, 집 안이 책으로 난장판이 되어도 행복하기만 합니다. 책을 많이 읽는 아이로 키우기 위해서는 우선 집 안 구석구석 책을 놓아두세요.

심리학자 쿠르트 레빈(Kurt Lewin)은 '행동은 사람과 그들을 둘러싼 환경 간의 함수 관계'라는 공식을 1936년에 만들었어요.

$$B(Behavior) = fP(Person), E(Environment)$$

우리는 어떤 일을 스스로 선택하고 결정한다고 생각하지만, 우리가 매일 하는 많은 행동들은 우리 눈에 확실하게 보이기 때문에 선택한다는 것이죠.

자투리 시간 영어 활용을 위해 거실, 안방, 아이 방, 주방과 화장실까지 책 또는 영어를 들을 수 있도록 설계합니다.

저는 집 안 청소를 꼼꼼히 못하는 편이라 책이나 장난감이 바닥에 떨어져 있어도 스트레스를 받지 않아요. 샤워 할 때는 스마트폰으로 영어방송을 꼭 듣고, 화장실에 갈 때 책을 자주 가지고 가서 그런지 첫째가 화장실에서 오래도록 안 나올 때 가 보면 벌써 볼일은 끝났는데 꼭 책을 바닥에 두고 읽고 있더라구요. 독서장제, 독서 노트나 독서 통장 등을 통해서 아이는 책 읽는 보람을 더욱 느꼈습니다. (엄마가 더욱 뿌듯했지만요^^)

처음에는 책을 읽고 독서 감상문을 쓰는 것을 많이 힘들어했지만, 아이를 칭찬하고 격려하며, 목표 달성 시엔 아이가 원하는 것들을 보상해주면서(과한 보상은 금물!) 많은 고비를 넘겼어요.

데이비드 프리맥(David Premack) 교수의 프리맥 원리는 '할 가능성이 높은 행동은 하지 않을 행동을 하게 만든다'라는 개념의 심리 치료법입니다.

유튜브 영상 보기 혹은 게임하기를 정해진 시간에만 허락하는 편이지만, 아이들이 책을 읽거나 숙제를 해야 한다는 조건을 붙였어요. 4학년인 큰아이는 매일 30분 이상 독서하기, 7살인 둘째는 한글 공부와 영어책 3권, 한글책 3권 읽기, 이렇게 실행해야만 태블릿을 쓰기로 약속했어요. 5살 막내는 아직 영상에 집착하는 편은 아니라서 제가 매일 책을 읽어주고 있어요.

셋째는 눈을 떴을 때 그리고 잠자기 전에 늘 읽고 싶은 책을 엄마에게 가져오고 있네요. 영어책을 읽을 때는 아이가 이해하기 쉬운 단계부터 시작합니다.

오디오의 도움을 받아 더욱 속도를 높여서 같은 수준의 책 여러 권을 계속 읽게 합니다. 읽을 목표량을 정해서 100권 읽기, 1,000권 읽기를 달성하며 아이의 자신감을 키워주세요.

이해할 수 있고 쉬운 영어책을 아이가 스스로 읽도록 유도하면서 아이가 읽는 책의 권수를 시각화하면 동기부여도 되고 나도 할 수 있구나! 하는 만족감과 자아효능감도 얻을 수 있습니다.

영어책을 읽을 때, 저학년일수록 음원을 활용하는 것이 재미도 느낄 수 있고, 소리와 문자의 관계를 이해하는 데 절대적인 도움이 됩니다.

집중듣기는 텍스트와 소리의 매칭을 경험하는 학습 방법입니다. 오디오를 들으며 눈 또는 손가락을 활용해서 단어를 짚어 나가는 집중듣기를 반복하다 보면 짧은 시간 안에 영어 글을 읽을 수 있어요.

Picture book, Early Reader's Book, Chapter Book의 순서로 집중듣기를 시도합니다. 아이가 챕터 북을 읽게 되면, 진정한 영어 읽기의 세계로 입문하게 됩니다. 집중듣기로 텍스트를 이해하게 되면 아이는 더 긴 글, 픽션과 논픽션을 넘나드는 능력을 키워 나갈 수 있어요.

✯ 영어는 습관이 답이다

서던캘리포니아 대학교 심리학과 교수인 웬디 우드는 '반복이 폭발적인 성장의 유일한 지름길'인 이유를 실험 결과로 증명했습니다.

그녀는 우리의 인생 일부를 반복으로 만들어진 습관에 맡긴 뒤, 그렇게 얻은 여유를 정말 중요한 일에 투입해야 한다고 했어요.

현존하는 심리학자 중 가장 많은 인간 행동을 관찰하고 탐구한 과학자로 손꼽히는 그녀는 삶에서 습관이 차지하는 비중이 43%라는 연구

결과를 발표했어요.

이 숫자는 당시 과학의 예상치를 훨씬 상회하기도 했었고, 미국의 신문과 방송을 타고 널리 퍼졌다고 해요.

뇌과학, 신경과학, 인지심리학 등 여러 학문을 넘나드는 수천 건의 실험과 방대한 연구를 바탕으로 한 그녀의 저서 《해빗》을 읽고 나서, 우리 아이들의 영어도 결국 '습관'의 결과물이라는 생각이 들었습니다.

그렇다면, 우리 아이들의 영어 습관은 어떻게 만들어줄 수 있을까요?

영어 습관 만들기를 위해서 꼭 필요한 것들은 이런 흐름으로 가야 합니다.

> Plan(계획) + Practice(실행) + Place(공간) +
> Repeat(반복) + Reward(보상)

영어를 습관화하기 위한 방향이기 때문에 어떤 '내용'을 배울지는 개인마다 다 다를 수 있겠지요.

엄마표 영어를 하시는 분들은 기본적으로 '주' 단위의 Weekly Plan을 세워야 합니다. 아이와 Daily 스케줄러를 꼭 사용해 보세요. 그래야 엄마도 아이도 빼먹지 않고 영어라는 긴 여정에서 방황하지 않을 거예요. 영어 집중듣기, 흘려듣기, 읽은 영어책, 영어 영상물, 영어 교재 진도 등을 되도록 매일 기록해야 합니다. 하루 한 문장도 좋고, 하루 몇 분도 좋으니 그 기록들을 모아 두세요.

아이의 영어 성장을 기록하면, 어떤 점에서 효과를 냈는지, 앞으로 어떤 점을 보완할지, 영어의 비중을 어떻게 조절해야 하는지 알 수 있어요. 그 과정을 절대 귀찮다고 넘기시면 안 됩니다. 아이가 공부할 때 곁에서 지켜보고 격려할수록, 훗날 아이와의 추억으로 남을 소중한 자산이 돼요.

계획한 것을 실행할 때는 구체적인 시간과 공간을 정하면 도움이 돼요.

요즘처럼, 학교에 매일 가지 못하는 경우는 '실행력'이 약해질 수밖에 없지요.

하루 이틀 미루고, 정해진 규칙에 따르지 않을 때면, 학습 습관을 형성하기도 어렵고, 흐름이 무너지게 되요.

영어교재와 학습매체와 공부 방법을 정했다면, 정해진 시간과 장소에 영어 학습을 할 수 있도록 설계해 주세요.

일정한 시간과 장소에서, 매일매일 "반복"해서 영어를 공부해야 합니다.

아이가 영어를 공부하려는 충분한 동기가 있으면 더욱 좋겠지만, 그렇지 않더라도 매일 꾸준히 영어를 공부해서 얻을 수 있는 좋은 점들을 아이에게 인지시켜 주세요.

맛있는 간식이나 특별한 외식, 아이가 갖고 싶은 게임 아이템, 사고 싶은 물건, 멋진 여행 등 아이의 영어 공부에 대한 적절한 보상은 아이들에게 영어 공부에 좋은 인식을 심어줍니다.

영어에서 자유로워지기 위해서는, 아이러니하게도 영어의 바다에서 충분히 헤엄치는 시간과 노력이 필요합니다.

내 입에서 바로바로 튀어나오는 영어, 힘들지 않게 영어책을 읽고, 영어로 배우는 것이 자연스러운 상황이 되려면, 영어를 습관화하는 길밖에는 없어요.

엄마가 어색해서, 영어를 쓸 줄 몰라서 초등학교 시기를 그냥 흘려보내다면, 아이도 결국 영어가 껄끄럽고 가까워지기엔 너무 먼 사이가 되고 말 거예요.

영어는 언어이면서 외국어 학습이기 때문에, 전방위적으로 실천하고 공부해야 해요. 어설프게 옆집 이야기를 듣거나 사교육을 이곳저곳 따라가서는 영어도 언어도 모두 놓쳐 버리게 됩니다. 설렁설렁 하다가 쉬고, 게으름을 피우면서 아이의 영어 실력이 좋아지길 기대해서는 안 돼요. 한 번 마음먹었으면 절대로 포기해서는 안 됩니다. 영어는 시간을 투자하는 만큼 그 실력이 늘기 때문이에요.

습관의 힘을 아는 엄마는, 아이의 영어 실력이 늘 제자리 같아 보여도 절대 포기하지 않고 꾸준히 걸어갑니다.

인생의 한 구간은 눈뜨는 순간부터 잠들기 전까지 영어에 올인한다는 각오로 영어를 습관화할 수 있도록 노력해야 합니다. 그 임계점에 도달하고 나면, 다음에는 조금의 노력으로도 높은 영어 실력을 유지할 수 있어요.

우리 아이들은 '살아 있는 영어'를 배워야 한다고 했습니다. 살아 있는 언어가 되려면, 생활 속에서 매일 써먹어야 합니다. 사실 영어를 일상생활에서 의사소통으로 배우기가 정말 어렵습니다.

초등 시기에 영어를 생활화하지 않으면, 중·고등학교 시기에는 더욱 영어로 입을 열지 않을 거예요. 영상물과 책 읽기 그리고 의사소통을 위한 말하기 연습, 이 모든 것들을 매일매일 실행해야 합니다.

✨ 세계로 나가는 영어를 배워라!

강경화 장관을 비롯 세계의 저명한 인사들을 인터뷰하는 CNN Becky Anderson의 CONNECT THE WORLD를 보면 우리가 왜 영어를 공부해야 하는지를 실감하게 됩니다. 세상을 연결하는 사람, 세상을 변화시키는 사람, 세상을 통해 꿈을 실현하는 사람을 우리 아이들의 영어 목표로 삼으면 어떨까요? 결과보다는 우리 아이가 어떤 사람이 되는 것에 초점을 맞추어 보세요.

마이크로소프트 CEO인 사티아 나델라(Satya Nadella)는 "뭐든지 배우려는 사람(learn-it-all)은 타고난 능력은 부족할지 모르지만, 결국에는 뭐든지 아는 체하는 사람(know-it-all)을 능가한다"라고 말했습니다.

스탠퍼드 대학교 심리학자 캐롤 드웩(Carol Dwec)이 주창한 성장형 사고방식을 우리 아이들에게 심어주어야 할 이유가 여기에 있습니다.

영어는 지구촌 언어의 하나이며 '도구'일 뿐인데, '영어능력' 그 자체에 압도되어 많은 아이들이 자신감을 잃어가고 있어요.

영어는 "지금 이 순간" 잘할 수 있다고 마음먹으면, 누구나 익힐 수 있는 '언어'라는 것을 알려주세요.

캘리포니아 대학의 루보미르스키(Sonia Lyubomirsky) 심리학 교수는 행복은 환경, 운, 머리가 아니라 상황을 바라보는 시각이 결정한다고 했어요.

영어를 일찍 시작했건 늦게 시작했건 결국 평생 동안 영어를 배운다는 마인드를 가진다면 출발선은 문제가 되지 않아요.

내가 얼마나 밝은 면에 초점을 맞추고 긍정적으로 바라보는 것이 훨씬 더 중요합니다.

영어가 더욱 중요해진 이유는, 바로 전 세계에 불고 있는 학습혁명의 바람 때문입니다.

포스트 코로나 이후 미래교육 혁신이 우리의 교육현장 곳곳에서 펼쳐지고 있습니다.

《플랫폼 제국의 미래》 저자 스콧 갤러웨이 뉴욕대 경영대학원 교수는 "교육산업이 의료산업에 이어 두 번째로 파괴될 가능성이 높다"고 예측했습니다.

당장 학교가 무너지지는 않겠지만, 우리 아이들의 미래는 지금과는 전혀 다른 세상이 될 거예요.

다시 교육의 본질로 돌아가서 깊이 들여다보는 시간이 필요합니다.

그 어느 때보다 선생님과 부모님의 중간 역할이 중요해졌어요.

아이들을 '평가'하고 '줄세우기' 위한 구시대적 시험용 영어는 이제 더 이상 쓸모가 없을지도 모릅니다.

전 세계 학생들을 대상으로 한 온라인 학습 플랫폼은 영어가 기본입니다.

세상이라는 무대에서 자아실현을 해야 할 아이에게 "기존의 객관식 영어시험" 방식을 가르쳐서는 안 됩니다.

더 큰 세상을 향한 목적의식으로 영어교육의 방향을 리셋해야 해요. 부단한 연습과 노력을 통한 영어 실력 쌓기 그리고 폭넓은 지식과 다양한 경험으로 세상에 나아가기. 영어 그 자체가 '목표'가 되어서는 안 되지만, 영어를 정복하면 다른 많은 길이 열리게 돼요.

　21세기 소통이 더욱 중요한 이 시대, 우리 아이들은 영어로 전 세계인들과 실시간으로 소통하고 세상의 중심에서 언제 어디서든 빛이 나는 존재로 살아가길 바랍니다.

단계별 조기영어 실전 로드맵

1
0~24개월:
영어를 느끼다

✦ 언어 발달

 세상에 태어나서 귀로 듣는 모든 소리를 아이는 흡수하려고 노력합니다. 주로 모음으로 시작하는 쿠잉에서 시작해 모음과 자음을 반복 옹알이가 시작됩니다. 전언어기를 지나 생후 1년을 전후하여 사람이나 사물을 지칭하는 단어를 쓰게 됩니다.

- 생후 18~20개월 사이에 두 단어를 결합하여 말하기 시작해요.
- 사용 빈도가 높은 주축어를 사용해요.
- 약 200여 개의 어휘를 알고 있어요.
- 일상생활에서 주변 사람들이 문자를 활용하거나 상호작용 하는 다양한 상황을 관찰해요.

✨ 에비샘의 적기영어 꿀팁!

이 시기 아이들에게 영어는 온몸으로 느끼는 '소리'입니다. 영어의 고유한 소리를 아이는 신기하게 받아들이며 기억하려 애쓸 거예요. 이때, 두 돌 때까지는 무리해서 영어 음원을 들려주거나 영상을 보여주는 것은 제한하시는 것이 좋습니다. 엄마의 목소리로, 천천히 그리고 다정하게 영어로 말을 걸어주는 것이 훨씬 더 효과적입니다.

영어로 된 짧은 라임을 엄마의 목소리로 들려주세요.
아이와 눈을 맞추며 촉감책, 조작 북 형태의 영어책, 선명한 그림의 영어 그림책을 읽어주세요.
사물인지 카드와 실물을 매치하면서 아이에게 천천히 영어 단어를 알려주세요.
일상의 행동을 할 때마다 쉽고 간단한 영어 문장을 반복해서 말해주세요.

★ Songs & Chants ★

Wee Sing 시리즈
Mother Goose
Super Song Pack
노부영 촉감책 DK Baby Touch and Feel
Usborne Pull-Back Busy Car

★ Picture Book ★

《Me! Me! ABC》
《Baby Touch Animal Book》
《Scholastic First 100 Things That Go》
《Brown Bear, Brown Bear What Do You See?》
《I am the Music Man》
《Try Me : Poke-a-dot :Old Mcdonald's Farm》
《Open Shut Them》
《The Wheels on the Bus》
《A Potty for Me!》
《Sesame Beginnings》
《Baby's Busy World》
《The Dot》
《Mudpuppy Baby's First Words》
《Baby Bunny : Finger Puppet Book》

※ 국내에서 영어 도서 구하는 방법

→ 대형서점
YES24
영풍문고
교보문고
인터파크
반디앤루니스

→ 영어전문서점
웬디북
동방북스
키다리영어샵
잉글리쉬플러스
에듀카코리아
키즈북세종
하프프라이스북
에버북스
킴앤존스
제이와이북스

2
만 3~5세:
영어로 놀다

⭐ 언어 발달

 2세 이후부터 유아들의 어휘는 급격하게 증가합니다. 어휘 폭발기를 거쳐서 3세경 900~1,000개, 6세가 되면 8,000~14,000개의 어휘를 알게 됩니다. 세 단어 이상의 문장을 말하기 시작하는 시기로, 이해 어휘가 사용 어휘의 약 2배가 됩니다. (전 연령의 특징)

 3세가 되면 말의 모든 요소가 통합된 조금 더 긴 문장으로 말할 수 있습니다. 조사, 시제, 수동태, 의문문, 부정문의 문법적 특성이 나타납니다.

 그림이 아니라 글자가 의미를 전달한다는 것을 알게 됩니다. 상황이나 맥락에 의존하여 읽고 지속적인 읽기 활동을 통해 이야기의 내용을 이해하고 추론이 가능한 시기입니다.

✯ 에비샘의 적기영어 꿀팁!

　영어의 소리에 익숙해지도록 듣기 환경을 조성해주세요. 아이들은 다양한 자극으로 영어를 재미있게 알고 싶어 합니다. 다양한 체험을 통해 영어와 좋은 추억을 만들어주는 것이 좋습니다.

　일상생활에서 쓰는 간단한 '생활영어'로 시작하세요. 아이가 영어를 거부하면, 잠시 멈추거나 아이의 수준보다 더 쉬운 영어를 써 보는 것도 방법입니다.

　영어 그림책을 음원으로 들려주거나, 엄마가 직접 꾸준히 읽어주세요. 또 아이들이 좋아하는 캐릭터가 나오는 짧은 영어 영상물을 함께 보는 것도 좋습니다.

　엄마표로 교구를 활용하거나, 오감을 자극하는 게임으로 영어를 재미있게 배우는 환경을 만들어야 해요. 여러 종류의 단어 카드를 사용해서 어휘를 확장시켜주세요.

　유아기에는 영어 노래를 불러보는 경험은 입이 트이는 데 도움이 됩니다! 알파벳의 소리에 관심을 갖도록 다양한 방법으로 파닉스를 경험하며 읽기를 준비합니다.

★ **Picture Book** ★

《My World》
《Down by the Station》
《Freight Train》
《Mouse Paint》
《Quick as a Cricket》
《I Like Books》
《Color Zoo》
《Rain》
《One Mole Digging A Hole》
《First the Egg》
《I Went Walking》
《My Mum》
《My Dad》
《Go Away, Big Green Monster!》
《Here are my Hands》
《The Doorbell Rang》
《Five Little Monkeys Bake a Birthday Cake》
《Five Little Monkeys Sitting in a Tree》
《Five Little Monkeys Jumping on the Bed》
《More More More SAID THE BABY》
《We're Going on a Bear Hunt》
《Doctor Seuss's ABC》
《Chicka Chicka Boom Boom》
《Silly Sally》
《To Market To Market》
《Chocolate Mousse For Greedy Goose》
《Dear Zoo》
《It Looked Like Spilt Milk》
《Willy the Dreamer》
《Little Beauty》
《Maisy's Amazing Big Book of Words》

《The Animal Boogie》
《Knick Knack Paddy Whack》
《TIME FOR BED》
《One Gorilla》
《JASPER'S BEANSTALK》
《In the Small, Small Pond》
《Here we go round The Mulberry Bush》
《Seven Blind Mice》
《THE ITSY BITSY SPIDER》
《Driving my Tractor》
《SPOTS FEATHERS AND CURLY HAIRS》
《My Crayons Talk》
《Walking through the Jungle》
《I CAN BE ANYTHING》
《Little Miss Muffet》
《Today Is Monday》
《BREAD BREAD BREAD》
《Down in the Jungle》
《HIPPO HAS A HAT》
《We All Go Traveling By》
《Down by the Station》
《Silly Suzy Goose》

★ **Alphabet & Phonics** ★

《Scholastic Phonics K》
《Fun Phonics(Creative Teaching Press)》
《Mr. Bug's Phonics(Oxford University Press)》
《Brain Quest K》

★ **Coursebook** ★

《Give Me Five!》
《American First Friends》

《Oxford Show and Tell》
《Magic Time》
《Balloons》
《English Time》
《Tiny Talk》
《Up and Away》
《New Gogo Loves English》
《English Land》
《Open Up》

★ 유튜브 채널 ★

Cocomelon
Paw Patrol
Numberblocks
Hey Duggee
Super Simple Song
Super English Kid
kidsTV123
English Tree TV
Baby Jake
CBeeies
CBeebiesAsia
Cocomelon
바다 나무
Alphablocks
Cailou
Max & Ruby
Little Princess
Spot
Maisy
Franny's Feet
Peppa Pig
Clifford
Timothy Goes To School
Octonauts
Curious George

※ 즐거운 율동으로 배우는 영어 동요

⟨Head, Shoulders, Knees, And Toes⟩
⟨Ten In A BED⟩
⟨Clap Along With Me⟩
⟨The Farmer In The Dell⟩
⟨London Bridge⟩
⟨Ten Little Indian Boys⟩
⟨Down By The Station⟩
⟨Row Row Row Your Boat⟩
⟨Wheels On The Bus⟩
⟨Open Shut Them⟩
⟨Twinkle Twinkle Little Star⟩
⟨Whole World⟩

※ 영어 역할극 추천

⟨Ugly little duck⟩
⟨The ants and the grasshopper⟩
⟨The three little pigs⟩
⟨The rainbow fish⟩
⟨The little match girl⟩
⟨The big turnip⟩
⟨Cinderella⟩
⟨Henny Penny⟩

※ 아이들과 쉽게 하는 영어 놀이

1. Body Language
신체의 일부나 온몸으로 동작을 해 보일 때 아이가 그 의미를 영어로 표현하는 놀이예요.

- ◆ Mom's Talk Talk :
  Can you match the meaning with this gesture?
  배를 문지른다면 → I'm hungry.
  손가락을 머리에 대고 고개를 비딱하게 → I'm thinking.
  손바닥을 귀 뒤에 붙이면 → I cant't hear you.
  손을 입에 갖다 대고 쩝쩝 소리를 내면 → I'm eating.

2. Twenty Questions
스무고개와 같이 질문과 대답을 하면서, 답을 찾아가는 놀이입니다.
주변에서 자주 쓰이는 단어들을 공부한 후, 카드 한 장씩 뽑아 단어를 맞혀야 해요.

- ◆ Mom's Talk Talk :
  Can we eat it? → Yes, we can.
  Where can we buy it? → You can buy it at the bakery.
  Is it bread? → Yes, that's right.

3. Simon Says
"Simon Says" 문장을 말하면, 그다음 동작을 해야 하고, "Simon Says" 문장을 말하지 않으면, 따라 해선 안 되는 놀이예요.

- ◆ Mom's Talk Talk :
  Simon says, stand up.
  Simon says, sleep!
  Simon says, turn around.
  Simon says, comb your hair.
  Simon says, jump like a monkey!

4. Guess What?

주머니 혹은 상자에 다양한 물건을 넣고, 아이가 손으로 만져보며 촉감을 통해 추측하는 놀이예요.
익숙한 물건도, 전혀 새로운 물건, 호기심을 자극하는 물건 등을 골고루 아이와 탐색하며 영어로 느낌을 말해 보세요.

◆ Mom's Talk Talk :
   I put something in the bag.
   You can touch it.
   Does it feel smooth?
   Is it long?
   Is it soft?
   How does it feel?
   Can you guess what it is?

5. Bingo

빈 종이에 가로 세로 3×3 칸수를 만들어, 영어 단어들로 다 채운 다음 한 사람씩 돌아가며 자기가 쓴 단어 중 하나를 큰 소리를 읽으며 지워가요.
가로, 세로, 대각선으로 한 줄이 이어지면 돼요. 상대방이 말한 단어가 내 빙고판에 많을수록 유리하겠죠?
영어 단어를 적을 때 주제를 정하는 것이 좋고, 그림과 스펠링 단어 뜻을 연령에 맞게 활용해요.

6. I SPY

준비물 없이 할 수 있는 간단한 놀이예요. 연령이 어리다면, 종이로 돋보기 모양을 만들면 좋아요.
'알파벳' 찾기부터 '단어', '소리', '그림' 등 주제에 맞는 것들을 찾는 재미가 있어요.

◆ Mom's Talk Talk :
   I spy with my little eyes something beginning with "b".
   I spy with my little eyes something ending with "d" sound.
   I spy with my little eyes something is yellow and round.

7. Play Tag

신체를 많이 움직일 수 있는 꼬리잡기 놀이. 1:1 혹은 여러 명이서도 할 수 있는 웃음 가득한 영어 시간이 될 수 있어요. 술래가 눈을 가리고, 상대방이 소리를 작게 또는 크게 내면서 도망가면 더욱 스릴 만점!

◆ Mom's Talk Talk :
   Let's play tag!
   Who is it?
   You are it.
   Tag me.
   You can't catch me.
   I will catch you.
   I got you.

8. Cook Cook

요리 활동은 아이들의 오감을 만족시키는 시간이죠!
요리 재료 탐색부터, 꼬마 요리사가 되어 조물딱 만들어 맛있게 먹기까지. 간단한 레시피에서 여러 조리과정을 거치는 요리까지 영어로 도전해 보세요.

◆ Mom's Talk Talk :
   Let's make pancakes.
   Whisk the eggs.
   Mix the butter.
   Peel the banana.
   Let's put the fruits into a bowl.
   Pour the sauce.
   The water is boiling.
   Flip the eggplant over.
   Remove all the seeds.
   Preheat the oven.
   Spread jam on the bread.

9. Up and Down

술래가 1~100까지 숫자 중의 하나를 마음속으로 정하고, 상대방이 그 숫자를 추측해서 영어로 숫자를 맞추는 게임이에요.
술래는 상대방이 말하는 숫자가 자신이 정한 수보다 큰 숫자를 말하면 "Down"이라고 외치고, 상대방이 자신이 정한 수보다 낮은 숫자를 말하면 "Up"이라고 외쳐요. 정해진 횟수 안으로 정답을 못 맞히면 술래가 이겨요!

◆ Mom's Talk Talk :
Choose a number between one and a hundred.
Can you guess the number?
Let me guess the number.
If it's higher than yours, you should say "down".
That's correct.

10. Picture Pairs

종이에 일정한 간격으로 숫자를 쓰고, 숫자 밑에 점선을 표시한 '숫자판'을 아이에게 나누어 줍니다.
엄마는 같은 숫자판을 두 개 만든 후, 엄마의 숫자판에만 점선을 이어서 그림을 완성합니다.
아이에게 엄마와 같은 그림이 그려지도록 차례로 지시합니다.

◆ Mom's Talk Talk :
Start at number 3.
Draw line through number 7.
Stop the line just at number 11.
Connect number 15 with number 3.

3
초등 저학년: 영어를 배우다

 **언어 발달**

  텍스트를 소리 내어 읽기도 하고 소리 내지 않고 읽기도 하며 이야기에 제시된 사건이나 세부 내용도 어느 정도 이해하게 됩니다. 또, 문장이나 이야기에 사용된 수백 개의 단어를 재인할 수 있으며 혼자서 읽기가 가능합니다.

  초등 1~2학년 시기에는 매해 어휘 증가 속도가 이 전과는 비교가 안 될 정도로 빨라집니다. 학령기 초기에는 이미 알고 있는 단어의 의미를 재조직화하면서 수수께끼나 농담, 유머를 이해하기 시작하고, 더욱 유창하게, 표현력 있게 읽을 줄 알게 됩니다.

  자신이 읽는 글이 이해가 되는지 점검해 보고, 틀린 부분을 찾아내어 고쳐 읽는 것도 가능합니다. 자신의 아이디어를 더욱 정교화하여 다른 사람들에게 말할 수 있습니다.

✨ 에비샘의 적기영어 꿀팁!

　모국어로 읽기, 쓰기, 듣기, 말하기가 이제 완벽에 가까운 상태로, 영어를 배우기에 최적의 시간입니다. 영어 소리에 익숙한 상태라면, 영어로 다양한 영화를 보며 인풋의 양을 늘립니다. 흘려듣기에서 시작해서 조금씩 시간을 늘려 집중듣기를 시작합니다. 애니메이션의 OST 한 곡을 처음부터 끝까지 부르기에 도전해 보는 것도 좋습니다.

　파닉스에서 시작해 초기 리더에서 영어 읽기 독립이 되도록 다양한 영어책을 배우게 해주세요. 아이가 암기할 수 있는 범위 내에서 Speech Contest를 가정에서 정기적으로 준비합니다.

　영어 그림책은 꾸준히 읽되, 챕터 북 읽기를 시작해 보는 것도 좋습니다. 이 외에도 영어로 사고할 수 있는 다양한 게임을 시도해 볼 수 있습니다. 매일 영어를 쓸 수 있는 다양한 워크시트나, 일기 쓰기를 추천합니다.

　영어를 학습할 집중력을 늘리기 위해 매일 일정 시간 영어 공부 시간을 정해 보세요.

★ **Storybook** ★

《It's My Birthday》
《THE BIG HUNGRY BEAR》
《WHOEVER YOU ARE》
《Piggy Book》
《The GRUFFALO》
《Caps for Sale》
《Have You Seen My Cat?》
《The Story of the Little Mole Who Knew It Was None of His Business》
《When I Was Five》
《The Snowman》
《Owl Babies》
《TEN APPLES UP ON TOP》
《The Napping House》
《Twenty-Four Robbers》
《Guess How Much I Love You》
《Winnie the Witch》
《Jessie Bear, What Will You Wear?》
《THE Smartest GIANT in Town》
《Night Monkey》
《SNOW》
《Monkey Puzzle》
《Henny Penny》
《WHOLE WORLD》
《The Polar Express》
《Rainbow Fish》
《No, David》
《ELMER and the stranger》
《LOVE YOU FOREVER》
《The Mixed-Up Chameleon》
《Five Little Friends》

《John Denver's Sunshine On My Shoulders》
《The TREASURE》
《CAPS FOR SALE》
《The Kissing Hand》

★ **Coursebook** ★

《Let's Go》
《Back Pack》
《Bricks Story Reading》
《COME ON》
《OXFORD DISCOVER》
《Hand in Hand》

★ **Phonics** ★

《New EFL Phonics》
《Brain Quest Grade 1》
《Up an Away in Phonics》
《Phonics Monster》
《Let's Go Phonics》
《New Smart Phonics》
《Phonics Monster》
《Scholastic Phonics A》
《Sound Great》

★ **Vocabualry** ★

《Spectrum Sight Words & Spelling》
《Wordly-Wise 3000》
《Scholastic 100 Words Kids Need to Read》

★ **Reading** ★

《Learn to Read》
《Step into Reading》
《Scholastic Hello Reader》
《Fun to Read》
《I Can Read》
《DK Readers》
《McGrawHill Wonder Leveled Readers》
《McGrawHill Open Court Reading》
《Young Learners Classic Readers》
《Building Blocks Library》
《Scholastic Success With Reading Comprehension》
《Very Easy Reading》

★ **Chapter Book** ★

《Magic Tree House》
《Junie B Jones》
《Nate the Great》
《The Jack Flies》
《Jigsaw Jones Mysteries》
《A to Z Mysteries》
《Arthur Chapter》
《Fly Guy》
《Judy Moody》
《Marvin Redpost》
《The Tiara Club》
《Horrid Henry》
《Olivia Sharp》

★ Content ★

《Content Reading(Mathematics, Science, Social Science)》
《SCHOLASTIC LITERACY PLACE》
《Evan Moor Everyday Literacy》
《Evan Moor Smart Start STEM》
《SPECTRUM》
《At-Home Tutor》

★ WRITING ★

《Evan Moor Write a Super Sentence》
《Evan Moor Daily 6-Trait Writing》
《TIME FOR KIDS Exploring Writing》
《BUILD & GROW WRITE RIGHT》
《Evan Moor Spell & Write》
《My First Writing》
《Spectrum Writing》
《Scholastic Success With Writing》
《Very Easy Writing》
《Nonfiction Writing》

★ Grammar ★

《Grammar Planet》
《Grammar Cue》
《My First Grammar》
《Scholastic Success with Grammar》
《Skill Sharpeners Grammar & Punctuation》
《Oxford Discover Grammar》
《New Grammar Time》
《Easy English Grammar》

★ 인터넷 사이트 ★

Scholastic Kids
National Geographic Kids
PBS Kids
BBC World
잠수네
쑥쑥닷컴
Discovery Channel
Animal Planet
니켈로디언
디즈니
EBS 잉글리시
Fact Monster
Child U
Hartcourt School Publishers
Time for Kids
Disneyprincess

★ 어플리케이션 ★

리틀팍스
Lingokids
Khan Academy Kids
VOA Learning English
Pictoword
Vocab Genius
The Opposites
Vocab Catcher
Khan Kids
VOA Learning English
BBC Learning English
Quizlet

★ 유튜브 채널 ★

Nick. Jr
Rusty Rivets
Olivia the Pig
Andy's Dinosaur Adventure
Arthur
Go Jetters
Charlie and Lola
Magic School Bus
Junnie B. Jones
Horrid Henry
Timeforkids
National Geographic
Nat Geo kids
Crashcourse
Crashcourse kids
BBC Earth
Science Show for Kids
Minute Earth
Animal Planet
Mickey Mouse
Nickelodeon
Dream Works
Scholastic

★ 영화 목록 ★

〈Bridge to Terabithia〉
〈Charlie and the Chocolate Factory〉
〈The Grinch〉
〈Jumangi〉
〈Charlotte's Web〉

⟨Chronicles Of Narnia⟩
⟨Harry Potter⟩
⟨Home Alone⟩
⟨Tangled⟩
⟨Frozen⟩
⟨Spider-Man⟩
⟨Alvin and the Chipmunks⟩
⟨Paddington⟩
⟨Petter Rabbit⟩
⟨Coco⟩
⟨Ratatouille⟩
⟨Matilda⟩
⟨Diary Of A Wimpy Kids⟩
⟨The Smurf⟩
⟨Lego Ninjago⟩
⟨Cars⟩
⟨Ice Age⟩
⟨Incredible⟩
⟨Goosebumps⟩
⟨James and the Giant Peach⟩
⟨Zootopia⟩
⟨Finding Dory⟩
⟨Hotel Transylvania⟩
⟨Bug's Life⟩
⟨How to Train Your Dragon⟩
⟨Kungfu Pander⟩
⟨Stuart Little⟩
⟨Wreck-It Ralph⟩
⟨Alladin⟩
⟨Toy Story⟩
⟨Monster Hotel⟩
⟨The Boss Baby⟩
⟨The Polar Express⟩
⟨Cloudy With a Chance of Meatballs⟩

부록

◎ 내 아이를 크게 키우는 긍정영어 100 ◎

1. You are full of potential.
   너의 잠재력은 무한하다.
2. Dream big dreams!
   큰 꿈을 꾸렴!
3. Keep a positive vision.
   긍정적인 비전을 갖자.
4. You am talented.
   너는 재능이 있어.
5. You are creative.
   너는 창의적이야.
6. You are valuable.
   나는 가치로운 사람이야.
7. You have a bright future.
   너는 밝은 미래가 있어.
8. You will do.
   너는 꼭 해낼 거야.
9. You're not settling here.
   너는 여기에 머무르지 않을 거야.
10. You're going to keep pressing forward.
    너는 계속 앞으로 나아갈 것이다.
11. You are good enough.
    너는 충분히 좋은 상태다.
12. You are intelligent.
    너는 지혜롭다.

13. You are healthy.
너는 건강하다.

14. This is a new day.
오늘은 새로운 날이다.

15. Quit being negative.
부정적인 생각은 버리자.

16. Keep your dreams alive.
너의 꿈이 살아 있게 해라!

17. Start feeling good about who you are.
너 자신에 대해 좋게 생각하자.

18. You're going to do great things in life.
너는 인생에서 멋진 일들을 해낼 거야.

19. Accept the past as past, without denying it.
과거는 부정하지 그냥 과거로 받아들여라.

20. Be a giver and not a taker.
받는 자보다 주는 자가 되라.

21. Your best days are still out in front of you.
최고의 날들이 네 앞에 펼쳐져 있어.

22. Happiness is a choice that you make.
행복은 네가 선택하는 거란다.

23. When you face rejection and disappointment, don't stay there.
거절과 실망을 마주하면, 거기서 머물지 마.

24. Run your own race!
너만의 경기를 뛰어라!

25. Keep stretching to the next level, reaching for your highest potential.
최고의 잠재력을 써서 더 높은 수준에 도달하기 위해 노력해라.

26. We should love what we're doing.
우리가 하는 일을 사랑해야 한다.

27. Make a difference.
    차이를 만들어라.

28. Don't make excuses.
    변명은 하지 마렴.

29. Are you blessing your life?
    너는 너의 인생을 축복하고 있니?

30. The barrier is in your mind.
    장벽은 너의 마음속에 존재한다.

31. You will become a better you.
    너는 더 나은 사람이 될 거야.

32. Quit feeding the bad habits.
    나쁜 습관에 길들여지지 마라.

33. Start nourishing your good habits.
    좋은 습관을 계속 키우렴.

34. You are a winner not a fool.
    너는 실패자가 아닌 승리자야.

35. You will do even more!
    너는 훨씬 더 잘 해낼 거야!

36. There's no limits.
    한계는 없다.

37. Try again and again.
    시도하고 또 시도해라.

38. Do your best!
    최선을 다하자!

39. Do it today!
    바로 오늘 하자!

40. Your habits today will determine your future.
현재의 너의 습관이 너의 미래를 결정짓는다.

41. Don't allow stress to steal your joy.
스트레스가 너의 기쁨을 빼앗도록 하지 마라.

42. Learn to appreciate people.
사람들에게 감사하는 법을 배우렴.

43. Learn to say thank you.
고맙다고 말하는 법을 배우자.

44. Don't put it off any longer.
더 이상 미루지 마.

45. Little by little we will grow.
우리는 매일 조금씩 성장한다.

46. Change your thinking.
생각을 바꿔라.

47. It is possible.
그것은 충분히 가능해.

48. Your actions will speak much louder than your words.
말보다 행동이 너를 만든다.

49. Choose to see the best in other people.
다른 사람들의 좋은 점들만 보기를 택하자.

50. Eventually the pain will go away.
결국엔 고통은 사라질 것이다.

51. Enjoy your life a lot more.
너의 인생을 더욱 즐겨라.

52. Train your mind to see the good.
좋은 것들을 보기 위해 네 마음을 훈련시켜라.

53. Be kind and be compassionate.
사람들에게 친절을 베풀고 연민을 가져라.

54. You are a miracle.
너는 기적이야.

55. Stay passionate about life.
삶에 열정을 가져라.

56. Get around people who will inspire you to rise higher.
너에게 영감을 주고 높이 성장시켜줄 사람들과 어울려라.

57. Life is too short for you to be pulled down by negative, jealous, cynical people.
인생은 부정적이고 질투심 많고 냉소적인 사람들에 의해 주저앉기에는 너무 짧다.

58. Get up each morning expecting good things to happen.
매일 아침 좋은 일들이 일어날 것이라 기대하며 일어나라.

59. Quit focusing on your weaknesses and get a bigger vision for your life.
너의 약점에 관심 두기를 멈추고, 더욱 큰 비전을 가져라.

60. You are successful.
너는 성공한 사람이다.

61. You are attractive.
너는 매력적이야.

62. You are an overcomer.
너는 모든 것을 극복하는 사람이야.

63. Put your shoulders back.
어깨를 쭉 펴.

64. Put your head up high.
고개를 높이 들어.

65. You've got to believe in yourself.
너 자신을 믿어야만 해.

66. You've got to believe that you have something to offer this world that nobody else has.
너는 다른 사람이 세상에 줄 수 없는 특별함을 갖고 있다는 것을 믿어야만 한다.

67. You can fulfill your destiny.
네 인생의 사명을 다할 것이다.

68. This is going to be a day of victory in my life.
오늘은 내 인생에서 승리하는 날이다.

69. There is nothing in your life that you cannot overcome.
네가 극복하지 못할 일은 아무것도 없다.

70. You have the power to let go of negative things of your past.
너는 과거를 놓아줄 힘을 갖고 있다.

71. Don't let your heart get polluted.
네 마음을 오염시키지 마.

72. Be happy with who you are.
있는 그대로의 네 모습으로 행복을 느껴라.

73. You can be the one to choose the blessing and not the curse.
너는 저주가 아닌 축복을 선택하는 사람이다.

74. You can choose to change.
너는 변화를 택할 수 있어.

75. You can choose to set a new standard.
너는 새로운 기준을 세우는 것을 선택한다.

76. You and I can do something about it.
너와 나는 멋진 일을 해낼 수 있어.

77. Take responsibility for your own actions.
너 자신의 행동에 책임을 져라.

78. Make good choices starting today.
오늘 하루를 시작하며 좋은 선택을 하렴.

79. Develop a prosperous mind-set.
성장하는 마인드 셋을 개발해라.

80. Don't worry about things you can't change.
네가 바꿀 수 없는 일은 더 이상 걱정하지 마라.

81. Appreciate Today.
오늘에 감사해라.

82. Enjoy life's journey.
인생이라는 여정을 즐겨라.

83. We need to think about the big picture.
인생의 큰 그림을 그려야만 한다.

84. Every time you persevere, every time you are faithful, every time you save others,
you are making a difference.
네가 견디고, 믿음이 충만하고, 다른 사람들을 위해 봉사할 때마다
너는 차이를 만든다.

85. Keep doing your best even when it's difficult.
어려울 때에도 최선을 다해라.

86. Keep loving, giving, and serving.
사랑하고, 주고, 섬겨라.

87. Get up every day and give it your best effort.
매일 아침 일어나서 최선을 다해 하루를 살아라.

88. Live to give.
남에게 주는 삶을 살아라.

89. You may not be perfect, but you're growing.
네가 완벽하지 않을지라도 너는 성장하고 있다.

90. You are blessed.
너는 축복을 받았다.

91. Keep the right thoughts playing in your mind.
올바른 생각이 너의 마음에 머무르게 하라.

92. You can do what you need to do.
네가 어떤 일을 해야 할 필요를 느끼면 해내면 돼.

93. Stop blaming people.
사람들을 비난하지 마라.

94. Your mind is at rest.
네 마음은 평화로운 상태이다.

95. Have a good attitude.
좋은 태도를 가져라.

96. Your gifts and talents are coming out to the full.
나의 타고난 재능과 능력은 늘 최대치에 도달한다.

97. Today will be a turning point in your life.
오늘은 인생에서 터닝 포인트가 될 것이다.

98. Bless your future.
너의 미래를 축복해.

99. Have confidence in yourself.
너 자신에 대해 자신감을 가져라.

100. You can do this!
너는 할 수 있다!

◎ 엄마표 영어 회화 100 ◎

1. Come and sit on my lap.
와서 내 무릎에 앉아라.
2. This is 'Big A' and this is 'small a'.
이건 대문자 A이고, 이건 소문자 a야.
3. What do you see?
무엇이 보이니?
4. Will you sing with me?
나와 함께 노래할래?
5. Can you count from 1 to 10?
1부터 10까지 세어 볼까?
6. Sit on the chair.
의자에 앉으렴.
7. Let's read a book together.
책을 함께 읽자.
8. Let's take a look.
한번 살펴보자.
9. Fantastic!
멋지구나.
10. What's it going to be?
무엇이 될 것 같니?
11. I've concerned about you.
널 걱정했어.
12. What color do you want?
무슨 색을 원하니?

13. What shape is it?
무슨 모양이니?

14. That's correct!
맞았어!

15. Here is sticky tape.
여기 스카치테이프가 있어.

16. Are you ready?
준비됐니?

17. You go first.
너 먼저 해.

18. Whose turn is it?
누구 차례지?

19. Let me show you something.
뭔가를 보여줄게.

20. Repeat after me.
나를 따라해 봐.

21. Let's cut it out with scissors.
이것을 가위로 자르자.

22. Glue it onto the paper.
종이에 붙이자.

23. Draw a circle.
원을 그리자.

24. Get around the room.
방 안을 돌아다니자.

25. What about you?
너는 어떠니?

26. I'm going to count to ten.
열까지 셀 거야.

27. What does it say?
뭐라고 써 있니?
28. How does it taste?
맛이 어떠니?
29. Can you feel something?
뭔가 느껴지니?
30. Let me kiss you.
엄마가 뽀뽀해줄게.
31. What's the weather like?
날씨가 어떠니?
32. How are you feeling?
기분이 어때?
33. What do you have?
무엇을 갖고 있니?
34. Give it a try.
한번 해 봐.
35. Eyes on me.
나를 바라봐.
36. Put your hands on your hips.
손을 허리에 놓자.
37. Take it.
가져가.
38. Do you like …?
너는 …을 좋아하니?
39. Which one do you want?
어떤 것이 마음에 드니?
40. Here you are.
여기 있어.

41. Show me.
내게 보여줘.

42. What would you like?
무엇을 먹을래?

43. Time to go to bed.
잠잘 시간이야.

44. Where are you going?
어디 가고 있니?

45. What are you doing now?
지금 뭐 하고 있어?

46. Well done.
잘했구나.

47. How many cards do you have?
카드 몇 장을 가지고 있니?

48. Can you guess what it is?
뭔지 맞춰 볼래?

49. Wash your hands.
손을 씻자.

50. Dry your hair.
머리 말리자.

51. What does he(she) do?
그(그녀)의 직업이 뭘까?

52. Breakfast is ready.
아침식사가 준비됐어.

53. Get dressed by yourself.
혼자서 옷을 입으렴.

54. Do you want to pee?
쉬하고 싶니?

55. Where are you?
어디에 있니?

56. Let's play a game.
우리 게임하자.

57. You are it.
네가 술래야.

58. I'll give you a hug.
안아줄게.

59. Clean up your room.
방을 정리하렴.

60. Put your toys away.
장난감을 치우자.

61. What time is it?
몇 시지?

62. Eat up.
다 먹으렴.

63. Are you sleepy?
졸리니?

64. Take a bath.
목욕하자.

65. Sweet dreams.
좋은 꿈 꾸렴.

66. I'll take a picture of you.
사진 찍어 줄게.

67. I am so glad.
너무 기뻐.

68. Wake up!
일어나자!

69. Step forward.
앞으로 가.

70. Move back.
뒤로 가렴.

71. Sit nicely.
바르게 앉자.

72. Turn off the light.
불을 끄자.

73. Thank you for coming.
와줘서 고마워.

74. I love you so much.
정말 사랑해.

75. Let's take a walk.
산책 가자.

76. How much is it?
얼마니?

77. Be nice to your friends.
친구들에게 잘 대해주자.

78. It is okay.
괜찮아.

79. Run away.
도망쳐.

80. Can you spell it?
스펠링이 뭔지 아니?

81. Don't move around.
움직이지 마.

82. Chew it well.
꼭꼭 씹어 먹자.

83. Did you poop?
응가했니?

84. Don't take it.
뺏으면 안 돼.

85. Did you do this?
네가 그랬니?

86. Are you having fun?
재미있니?

87. One more time!
한 번 더!

88. It is not for you.
네 것이 아니란다.

89. Does it hurt?
아프니?

90. You have a fever.
열이 있구나.

91. Blow your nose.
코를 풀자.

92. Don't pick your nose.
코 파지 말자.

93. Let's cut your finger nails.
손톱 깎자.

94. Get along with your sister(brother).
사이좋게 잘 지내야지.

95. Keep it down.
조용히 해줘.

96. What's the matter? 무슨 일이야?

97. Fasten your seatbelt.
안전벨트를 하자.

98. It is broken.
망가졌구나.

99. It looks nice on you.
정말 잘 어울려.

100. Let's bake some cookies.
우리 쿠키 굽자.

참고서적

- 스티븐 크라센 저, 조경숙 역, 《크라센의 읽기 혁명》, 르네상스, 2013
- 한진희, 《엄마표 영어 이제 시작합니다》, 청림라이프, 2018
- 박광희·심재원, 《영어 낭독훈련에 답이 있다》, 사람in, 2009
- 정동빈, 《똑소리 나는 우리 아이 영어 3살부터 시작하자》, HAPPYHOUSE, 2007
- 브렌든 버처드 저, 김원호 역, 《식스 해빗》, 웅진지식하우스, 2019
- 이지성, 《내 아이를 위한 칼 비테 교육법》, 차이정원, 2017
- 이남수, 《엄마, 영어방송이 들려요!》, 길벗이지톡, 2001
- 양현주, 《한스맘표 영어놀이 123》, 비타북스, 2015
- 김영훈, 《닥터 김영훈의 영재 두뇌 만들기》, 베가북스, 2008
- 황농문, 《몰입 영어(저절로 몸에 새겨지는, 몰입의 대가 황농문 교수의 궁극의 공부법)》, 위즈덤하우스, 2018포 브론슨·애쉴리 메리먼 저, 이주혜 역, 《양육쇼크》, 물푸레, 2009
- 전혜성, 《섬기는 부모가 자녀를 큰사람으로 키운다》, 랜덤하우스코리아, 2006
- 신의진, 《현명한 부모들은 아이를 느리게 키운다》, 중앙 M&B, 2001
- EBS 놀이의 반란 제작팀, 《놀이의 반란》, 지식너머, 2013
- 이기숙, 《적기교육》, 글담출판, 2015
- 이병민, 《당신의 영어는 왜 실패하는가?》, 우리학교, 2014
- Colin Baker 저, 정부연 역, 《내 아이를 위한 이중언어 교육 길라잡이》, 넥서스, 2006
- 조상은, 《하루 5분 영어놀이의 힘》, 예담, 2014
- 윌리엄 A. 반스 저, 허유진 역, 《영어 스피킹 기적의 7법칙》, 로그인, 2012
- 김옥림, 《유대인식 무릎교육》, 미래문화사, 2010
- 양민정, 《그림책과 유튜브로 시작하는 5·6·7세 엄마표 영어의 비밀》, 소울하우스, 2018
- 이정림, 《엄마표 영어가 학원을 이긴다》, 문예춘추사, 2019
- 이신애, 《잠수네 아이들의 소문난 영어공부법》, 랜덤하우스코리아, 2008
- 웬드 우드, 김윤재 옮김 《해빗 HABIT》, 다산북스, 2019
- 김경희, 《틀밖에서 놀게 하라》, 포르체, 2019
- 알렉스 비어드 저, 신동숙 역, 《앞서가는 아이들은 어떻게 배우는가》, 아날로그(글담), 2019
- 박옥춘, 《미래형 자녀교육법》, 예담friend, 2006
- 이지은, 《지금 시작하는 엄마표 미래교육》, 글담, 2017
- 송재환, 《초등 1학년 공부, 책읽기가 전부다》, 예담friend, 2013
- 코칭맘스쿨, 《자기주도학습 교과서》, 행복한나무, 2011
- 김정수, 《놀면서 하버드 들어가기》, 고요아침, 2009
- 노경선, 《아이를 잘 키운다는 것》, 위즈덤하우스, 2007
- 로널드 F. 퍼거슨·타샤 로버트스 저, 정미나 역, 《하버드 부모들은 어떻게 키웠을까》, 웅진지식하우스, 2019
- 에일린 케네디 무어·마크 S. 뢰벤탈 저, 박미경 역, 《영리한 아이가 위험하다》, 웅진지식하우스, 2019
- 캐롤 드웩 저, 김준수 역, 《마인드셋》, 스몰빅라이프, 2017
- 김상운, 《왓칭(Watching)》, 정신세계사, 2011
- 아델 페이버, 일레인 마즐리시 《말이 아이의 운명을 결정한다》, 시공사